제2판

Front Office & Housekeeping

호텔객실 실무

이 정 학 저

기문사
www.kimoonsa.co.kr

머리말

저자는 이미 다년간 호텔 현장근무와 대학에서 호텔관련 과목의 강의를 해왔다. 그 경험과 자료를 바탕으로 그 동안『호텔경영의 이해』, 『호텔 식음료 실습』,『호텔연회 & 컨벤션 실무』등 호텔관련 과목의 교과서를 집필하였다. 그런데 몇년 전부터 출판사로부터『호텔객실실무』교과서를 집필해 달라는 요청을 받았다. 차일피일 미루다가 수락하였다. 수락의 의미는 두 가지였다. 첫째는『호텔객실실무』를 출간하게 되면 저자의 입장에서는 호텔관련 교과목을 총망라하게 된다는 점이고, 둘째는 새로운 각도에서 신선하게 만들어 보고 싶은 욕구가 생겼기 때문이다.

본서는 호텔객실의 실무에 대한 교과서이자 현장 지침서로 출간하게 되었으며, 다음과 같은 장점과 특징을 가지고 있다.

첫째, 호텔객실 전 분야를 체계적이고 실무적으로 접근하였다.
둘째, 다양한 자료의 그림과 사진을 곁들여 이해를 높였다.
셋째, 객실종사자 및 관리자로서 익혀야 할 내용을 현장감 있게 다루었다.
넷째, 장마다 연습문제를 두어 호텔관련 자격증 시험에 대비하도록 하였다.

호텔에서 총지배인과 같은 최고경영자가 되기 위해서는 현장의 실무능력이 기초가 되어 스텝 바이 스텝(step by step)해야 함을 호텔인들은 잘 알고 있다. 아무쪼록 본서가 미래의 호텔리어(hotelier)를 꿈꾸는 학도들에게 필독서로서 도움이 되었으면 한다.

그동안 저자의 여러 저서를 사랑해 주신 독자 여러분과 교재로 선택해 주신 교수님께 감사의 말을 전한다. 그리고 항상 저자의 원고를 소중히 출간해 주시는 기문사 사장님 및 이하 직원에게도 고마움을 표하고 싶다.

저자 씀

차 례

제1장

호텔객실의 이해

Front Office & Housekeeping

제1장

호텔객실의 이해

1. 호텔의 정의와 기능

1.1 호텔의 정의

호텔은 18세기 이후 영국의 산업혁명에 의하여 인구의 도시화 집중과 대량이동에 따라 인(inn)의 형태에서 발전된 숙박시설이다. 호텔(hotel)이란 용어는 라틴어 호스피스(hospes)에서 유래되었는데, 이방인, 외국인 등 손님을 보호해주는 일종의 숙소 · 대피소 · 수용소라는 의미이다. 호스피스(hospes)에서 파생된 단어 호스피티움(hospitium)은 환대(hospitality)라는 뜻인데, 이방인, 외국인 등 손님을 환영하여 친절하게 영접하는 숙소(수용소)를 의미하였다. 여기서 병원(hospital), 호텔(hotel), 호스텔(hostel)이라는 단어가 파생되었다. 오늘날 호텔산업을 환대산업이라고 하는 이유도 여기에 있다. 또한 병원(hospital)의 어원도 그 맥을 같이 하는데, 호텔과 비교해 보면 환자와 고객, 병실과 침실, 병실과 객실에 식사 제공, 침대 시트 등의 린넨 사용 등 유사한 기능을 가지고 있음을 알 수 있다.

호텔의 정의는 법적인 시설 규정과 이용자 측면에서 살펴볼 수 있다. 먼저 법적인 시설 규정 차원은 세계 각국이 대부분 일정한 시설을 갖추는 것으로 자국의 법령으로 호텔을 규정하고 있다. 우리나라의 경우 관광진흥법 시행령에 의하면 관광호텔업을 "관광객의 숙박에 적합한 시설을 갖추어 이를 관광객에게 이용하게 하고 숙박에 부수되는 음식 · 운동 · 휴양 · 공연 · 오락 또는 연수에 적합한 시설을 함께 갖추어 이를 이용하게하는 업"으로 규정하고 있다.

이용자 측면에서 호텔의 개념은 이용목적에 따라 달라질 수 있는데, 즉 비즈니스 고객이라면 호텔을 집을 떠난 또 하나의 집(home away from home), 집처럼 아늑한 느낌(feel at home) 등과 같이 자신의 집처럼 편안하면서 안전하기를 원하고, 낯설지 않게 환대해 주기를 원할 것이다. 반면에 위락목적의 고객이라면 일상생활에서 벗어나서 자유롭고 색다른 것을 경험해 볼 수 있는 신기성(novelty)을 요구할 것이다. 따라서 호텔을 법적인 시설규정과 이용자 측면을 고려하여 정의하면 "호텔이란 거주지를 떠나 객실, 식음료, 부대시설 등 호텔시설을 이용하고자 하는 고객에게 환대나 신기성을 제공하여 욕구를 충족시켜 주고 그 대가를 받아 경영을 하는 서비스기업이다."라고 할 수 있다.

1.2 호텔의 기능

근대적 개념의 호텔

기능 초기 호텔은 객실 위주로 영업을 하였다. 그러나 여행자들이 외부에서의 식사가 어렵고 불편하여 호텔 내에 아침 식사를 요구함에 따라 점차적으로 식음료 업장을 갖추게 되었다. 또한 호텔 이용자들은 숙박과 식사 기능 외에 신변과 도난 등의 안전을 위하여 호텔을 찾았다. 따라서 근대적 개념의 호텔 기능은 집을 떠나 여행을 하는 여행자들에게 가장 기본적인 숙박, 음식, 안전만을 충족시켜 주는 단순한 공간이었다.

현대적 개념의 호텔 기능

현대에 와서 호텔의 이용객들이 국제화 및 대중화됨에 따라 기존의 숙식제공과 안전의 기능만을 가지고는 그들의 다양한 욕구를 충족시켜 줄 수 없게 되었다. 즉 호텔 이용자들은 호텔에서 여가활동, 건강단련, 가족 및 사교모임, 비즈니스 등을 할 수 있는 다양한 기능을 요구하게 되었다. 따라서 현대적 개념의 호텔에서는 기존의 숙식이나 안전의 기능 외에 여가, 오락, 휴식, 문화, 건강, 사교, 비즈니스 공간 등 복합적인 기능뿐만 아니라 공공성 및 지역사회와 함께 할 수 있는 프로그램도 제공할 수 있어야 한다.

[그림 1-1] 호텔의 기능

2. 호텔객실의 개요

2.1 호텔객실의 의의

호텔의 사전적 의미를 살펴보면 "여행객들이 숙박과 식사 그리고 기타 서비스에 대한 대가를 지불하는 건물(a building where travelers can pay for lodging and meals and other services)"이라고 되어 있으며, 객실(客室)은 숙박업소에서 손님이 거처하는 방으로 되어 있다. 집을 떠난 여행객들은 일시적으로 머무르는 공간이 필요한데, 그것을 충족시켜주는 것 중의 하나가 호텔의 객실이다. 호텔의 객실(guestroom)이란 투숙객들이 안전하게 쉬거나 잠을 잘 수 있는 공간을 의미한다고 할 수 있다. 여행객들이 호텔을 이용하고자 하는 궁극적 목적은 잠과 휴식이라는 생리적 욕구를 해결하고자 하는 것이며, 그 외 식사 및 기타 서비스를 누리고자 하는 것이다. 결국 호텔의 주력상품은 객실이라고 할 수 있다.

예로부터 호텔의 주 기능은 숙박과 안전이었다. 호텔의 객실은 여러 숙박시설 중에서 가장 시설이 좋은 편이며, 요금도 비싼 편이다. 여행객들이 숙박을 위해 굳이 호텔객실을 이용하고자 하는 것은 그 만큼의 기대욕구가 있기 때문이다. 따라서 호텔의 객실은 보다 안락하고 편안해야 하며, 고객을 위한 서비스가 뒷받침되어야 하는 것이다. 호텔을 "집을 떠난 또 하나의 집(home away from home)"이라고 표현하는데, 호텔이 마치 자신의 집처럼 편안하고 안전해야 하며, 낯설지 않게 환대해 주는 서비스가 제공되어야 한다는 것을 의미한다.

2.2 호텔객실의 역사

고대사회부터 무역 · 출장 · 여행 · 종교 · 교양 · 스포츠 등 다양한 목적의 관광현상이 발생하면서 숙박시설은 존재하여 왔다. 중세사회 말기에는 호텔의 전신이라고 할 수 있는 인(inn)이라는 숙박시설이 등장하였는데, 숙박시설의 기본 기능인 수면, 음식, 생명 및 재산보호를 위한 안전 등 최저 필요조건만 갖추어 놓은 일종의 여인숙 형태였다. 이후 근대사회에 들어와 18세기 중엽 영국의 산업혁명이 계기가 되어 인구가 도시에 집중되고, 철도와 기선 등의 교통수단이 발달하여 여행자 수가 급증하자 보다 규모가 크고, 안락한 숙박시설이 요구되어 호텔이 등장하게 되었다.

호텔객실의 역사는 호텔의 역사와 같이 한다. 세계 최초의 호텔은 1794년에 건립된 미국의 시티호텔(City Hotel)인데, 호텔이라는 명칭을 최초로 사용하였지만 규모가 큰 인(inn)의 수준에 불과하였다. 오늘날 개념의 호텔 시초는 19세기 초 독일의 바덴바덴에 건립된 바디쉬호프(Badisch Hof) 호텔이다. 그리고 1829년에는 170개의 객실을 갖춘 트레몬트 하우스(Tremont House)가 미국의 보스톤에서 개관하였는데, 오늘날 호텔건축과 호텔경영의 모델을 제시하였다. 트레몬트 하우스가 최초로 실시한 호텔경영 기법은 다음과 같다.

- 벨보이 제도 도입
- 싱글베드와 더블베드 사용
- 객실에 개인욕조 설치
- 객실용 전화기 설치
- 개인전용 객실 키
- 객실 내 물주전자 제공
- 호텔 간부채용 및 직원교육

개관 당시의 트레몬트 하우스(Tremont House)

호텔의 왕 스타틀러(Ellsworth Milton Statler : 1863~1928)는 13세 때 호텔 벨 보이(bell boy)부터 시작하여 1908년 미국의 버팔로에 300개의 객

실과 욕실을 가진 당시로는 거대한 스타틀러 호텔을 탄생시켰다. 당시 "1.5달러에 욕실이 딸린 객실제공(A room and a bath for a dollar and a half)"이라는 슬로건을 통하여 호텔을 대중화시켰으며, 호텔경영의 목표를 3C(convenience : 편리, comfort : 안락, cleanness : 청결)에 두고, 양질의 서비스를 저렴한 요금으로 보다 많은 사람에게 제공하고자 노력하여 성공을 거두었다.

2차세계대전 이후 국제 간 호텔경영기술의 교류 및 체인화, 경영다각화 및 CRS(Computerized Reservation System) 등을 통하여 호텔의 객실산업은 눈부시게 발전하였다.

2.3 호텔객실 영업의 중요성

초기 호텔은 객실위주의 시설로 되어 있었다. 이후 객실에 투숙한 고객의 편리를 위하여 각종 식당 및 부대시설이 들어서게 되었다. 따라서 호텔의 주력 상품은 객실이며, 식음료 및 부대시설 등은 부가상품이라고 할 수 있다. 과거에는 전체 매출 중에서 객실매출의 비중이 가장 높았으나 최근에는 연회 및 식음료 등의 이용객 증가로 인하여 호텔 전체 매출의 비율은 객실부분 40%, 식음료부분 40%, 기타 20% 정도로 나타나고 있다. 그러나 수익 측면에서는 단연 객실부분이 높으며, 식음료나 부대시설 이용 고객 중에서 많은 수가 객실고객이라는 점에서 호텔객실 영업의 중요성이 있다고 할 수 있다.

또한 호텔의 규모나 등급은 객실 수나 객실시설이 결정적으로 작용하며, 호텔의 경영성과 지표 역시 객실판매 수, 객실점유율, 객실평균요금 등 대부분 호텔객실 영업을 기준으로 하고 있다. 특히 객실영업을 담당하는 프런트 오피스(front office)는 호텔의 심장이며, 호텔경영을 상징하는 부서라고 할 수 있다.

2.4 호텔객실 상품의 특성

호텔객실은 하루 24시간, 1년 365일 빠짐없이 생산되고, 판매된다. 호텔의 주력 상품인 객실은 서비스상품으로써 다음과 같은 특성을 가지고 있으므로 이를 이해하여 객실영업에 참고할 필요성이 있다.

비탄력성

객실의 숫자는 고정되어 있기 때문에 수요의 변화에 따라 신축적으로 공급을 조정할 수 없다. 예를 들어 객실이 500실이라면 수요가 그 이상이라도 당장 공급을 더 이상 늘릴 수 없다는 것이다.

비저장성

당일 판매하지 못한 객실은 재고로 저장하여 다음날 팔 수 없다. 예를 들어 객실이 500실인데 당일 400실만 판매하였다면 나머지 100실은 재고로 남지 않으며, 자동 소멸해 버린다.

비유통성

호텔의 객실은 제품처럼 유통과정을 거쳐 판매되는 것이 아니라 고객이 직접 호텔에 와서 사용해야 하므로 유통되지 않는 특성을 가지고 있다.

비소유성

제품의 경우 돈을 지불하는 순간 그것의 소유권은 구매자에게 있다. 그러나 서비스상품인 호텔의 객실은 소유권이 이전되는 것이 아니라 잠시 편의를 위해 이용할 권리만 있을 뿐이다.

2.5 호텔 서비스 품질관리

서비스 품질에 관한 연구는 파라슈라만(Parasursman), 자이타믈(Zeithaml), 베리(Berry) 연구팀에 의하여 정형화되기 시작하였다. 이들은 서비스 품질 평가를 위하여 ① 신뢰성, ② 반응성, ③ 보장성, ④ 공감성, ⑤ 유형성 등의 5가지 구성요소를 개발하였으며, 이 구성 요소는 서비스업의 품질을 측정하는데 유용하게 사용되고 있다. 따라서 호텔 서비스 품질도 이 구성 요소에 의하여 관리할 필요성이 있다.

신뢰성(reliability)

5가지 구성요소 중 서비스 품질을 지각하는데 가장 중요한 요소이다. 신뢰성이란 약속한 서비스를 정확히 제공하는 능력. 즉 서비스 제공 내용, 가격 등 직 · 간접적으로 약속한 것을 제대로 이행하는 것을 말한다.

반응성(responsiveness)

고객을 도와주려는 의지와 신속히 서비스를 제공하고자 하는 의지의 표현을 말한다. 고객은 자신의 요구사항, 질문, 불만, 문제의 제기에 신속히 응대해 주기를 원한다.

보장성(assurance)

고객이 안심하고 이용할 수 있도록 확신을 심어주기 위한 노력을 말한다.

공감성(empathy)

종사원이 고객 개개인에 관심을 가지고 주의(attention)를 하여 환대를 보여주는 주는 것을 말한다. 특히 고객이 요구하기 전에 먼저 알아서 욕구충족을 시켜준다면 공감성은 높다고 할 수 있다.

유형성(tangible)

호텔이 가지고 있는 물리적 시설(건물, 인테리어, 비품, 가구 등)이나 종사원의 복장 · 외모 · 태도 등의 가시적인 표현을 말한다. 유형성은 특히 신규고객에게는 첫인상을 좌우할 뿐만 아니라 서비스의 수준과 능력을 가늠할 수 있다는 점에서 중요한 요소로 작용한다.

[표 1-1] 호텔 서비스 품질평가 구성 요소와 내용

구성 요소	내 용
신뢰성	광고 및 홍보물의 약속이행, 예약 및 주문사항에 대한 준수 여부 등
반응성	고객의 요구 및 불평에 대하여 신속한 대응하는 정도
보장성	안전, 보안 및 위생 등
공감성	고객 개개인에 대한 관심과 노약자 및 장애인 고객을 위한 배려 등
유형성	종사원의 복장과 용모를 비롯한 호텔 내 · 외의 시설 및 비품의 상태

종사원의 복장과 용모는 호텔 서비스의 유형성을 높여주는 수단이라고 할 수 있다.

2.6 호텔 서비스 품질관리의 중요성

고객이 호텔 서비스를 이용하여 만족하면 재이용한다. 호텔 측의 입장에서는 고정고객을 확보할 수 있으며, 이들이 주변에 좋은 구전을 전파하여 신규고객도 창출되어 결국 매출이 증대된다. 또한 기존고객이 반복 이용하고, 구전에 의하여 신규고객이 창출되어 판매비·광고비 등의 비용절감도 할 수 있다. 그러나 불만족하게 되면 재이용이 중단되어 고객을 상실하고, 나쁜 구전을 주변에 전파해 잠재고객까지도 상실하므로 매출의 감소를 가져다준다. 호텔 서비스에 대한 만족 및 불만족의 결과를 그림으로 나타내면 다음과 같다.

[그림 1-2] **호텔 서비스에 대한 만족 및 불만족의 결과**

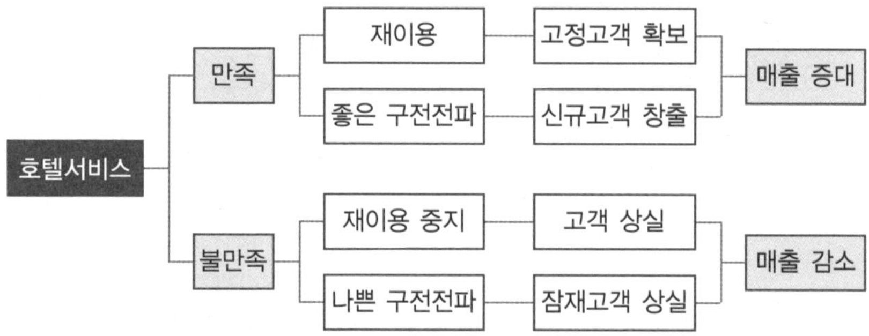

3. 호텔객실부서의 조직

호텔의 객실부(room division)는 부서장인 객실부장을 중심으로 크게 객실영업(front office : F/O)과 객실정비(housekeeping : H/K)로 구분한다. 객실영업과는 객실판매와 관련된 업무를 담당하는 곳으로서 프런트 데스크, 유니폼 서비스, 예약실, 교환실, 비즈니스센터 등으로 조직되어 있고, 객실정비과는 객실을 청소하는 등 객실을 생산하는 업무를 담당하는 부서로 린넨실, 인스펙트리스, 룸메이드, 하우스맨, 세탁실 등으로 조직되어 있다. 따라서 객실영업과는 대고객 접객서비스를 담당하며, 객실정비과는 객실영업과가 대고객 접객서비스를 할 수 있도록 지원하는 업무를 수행한다고 할 수 있다. 따라서 이 두 개의 파트는 객실을 생산하고 판매한다는 점에서 객실부장 산하에 유기적으로 조직되어 있다.

[그림 1-3] **객실부서의 영업도**

객실부장은 객실영업(F/O)과 객실정비(H/K)를 총괄하여 객실상품을 생산하고 판매하는 최고 책임자로서 부서의 구성원을 지휘 · 감독하는 등의 경영활동을 수행한다. 따라서 객실부장은 ① 객실에 대한 충분한 지식을 가지고 있어야 하고, ② 부하 직원에 대하여 교육 · 훈련 및 인사고과를 담당하고, ③ 객실판매와 관련된 타 부서와의 긴밀한 협조를 유지해야 하고, ④ 외국어에 능통해야 하고, ⑤ 주요 고객 및 VIP를 접객한다.

[그림 1-4] 객실부의 조직도

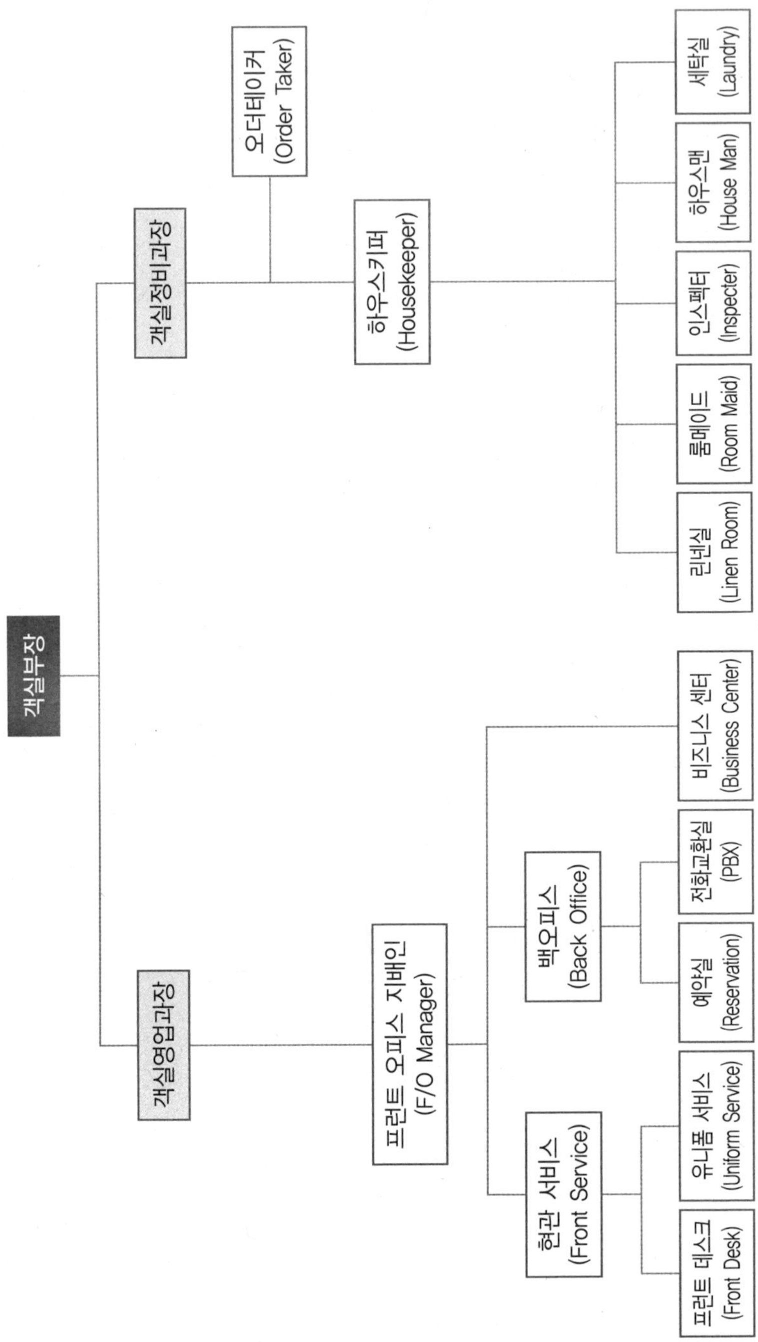

연습문제 호텔관련 종사원 자격시험 대비

1. 호텔건축과 호텔경영의 모델을 제시한 호텔은?

① 시티호텔(City Hotel)
② 바디쉬호프(Badisch Hof) 호텔
③ 트레몬트 하우스(Tremont House)
④ 인(inn)

2. 트레몬트 하우스가 최초로 실시한 호텔경영 기법이 아닌 것은?

① 벨보이 제도 도입
② 객실에 개인욕조 설치
③ 객실 내 물주전자 제공
④ 컴퓨터예약시스템 도입

3. 호텔객실 상품이 비탄력적이다는 것은 무엇을 의미하는가?

① 객실의 공급을 수요에 맞춰 증감할 수 없다.
② 객실을 저장하여 판매할 수 없다.
③ 객실을 유통시킬 수 없다
④ 객실의 소유권 이전이 안 된다.

4. H/K의 설명 중 틀린 것은?

① 객실을 판매한다.
② 객실을 생산한다.
③ F/O를 지원한다.
④ 직접 대고객 접객서비스를 하지 않는다.

제2장

객실의 종류와 요금

Front Office & Housekeeping

제2장

객실의 종류와 요금

1. 객실의 종류

객실의 종류는 다양한 기준에 의하여 분류할 수 있으나 침대형태 및 구조 그리고 객실등급에 의하여 분류하면 다음과 같다.

1.1 침대형태 및 구조에 의한 분류

싱글 룸(single room)

싱글 룸(single room)

1인용 싱글 침대가 1개 들어 있는 객실을 말한다. 우리나라 대부분의 호텔에서는 영업 전략상 싱글 룸을 별도로 두지 않고 있다. 고객이 혼자 오더라도 더블 룸을 제공하면 되기 때문이다. 즉 싱글 룸은 2명을 수용할 수 없지만, 더블 룸은 2명은 물론 1명도 수용할 수 있기 때문이다. 결국 더블 룸은 1인과 2인 고객 모두를 커버할 수 있는 운용상의 장점이 있다는 것이다. 단, 규모가 작은 비즈니스호텔에서는 싱글 룸을 운영하는 경우도 있다.

더블 룸(double room)

2인용 침대가 1개 들어 있는 객실로서 주로 커플이나 부부가 선호하는 룸이다.

트윈 룸(twin room)

싱글 침대가 나란히 2개 들어 있는 객실로서 두 명이 각각의 침대를 사용하고자 할 때 적합한 객실이다.

더블 룸(double room)

트윈 룸(twin room)

트리플 룸(triple room)

싱글 침대 3개가 들어 있는 객실로서 일반적으로 트윈에 엑스트라 베드(extra bed)를 추가하는 경우가 많다. 물론 싱글 베드 3개를 처음부터 고정해 놓은 객실도 있다. 특히 싱글 베드 3개가 아니라 싱글 베드 1개와 더블 베드 1개의 형태로 설치되었을 경우 이를 싱글-더블 베드 룸(single-double bed room)이라고 하는데, 부모와 자녀 1명이 사용하기에 적합한 객실형태라고 할 수 있다.

쿼드 룸(quad room)

싱글 침대가 4개 또는 더블 침대가 2개 들어가 있는 객실을 말하는데, 결국 4인용 객실을 의미한다. 특히 더블 침대가 2개 들어가 있는 객실을 더블-더블 베드 룸(double-double bed room)이라고 하며, 주로 4인 가족이 사용하는 룸이다.

트리플 룸(triple room)

더블-더블 베드 룸(double-double bed room)

스튜디오 룸(studio room)

더블이나 트윈 룸에 소파형의 베드가 들어가 있는 룸으로서 소파형 베드는 낮에는 소파로 활용하고, 취침을 할 때 길게 펼치면 침대가 되는 형태이다. 이러한 침대를 일명 '듀오 베드(duo bed)'라고도 한다. 부부와 자녀 1명 등 3인이 쓰기에 적합한 객실이며, 트리플 룸보다는 요금이 저렴한 편이다.

듀오 베드(duo bed)

온돌 룸(ondol room)

우리나라 호텔에서만 볼 수 있는 룸으로써 영어 명칭은 'traditional korean style room' 또는 'Korean style room'이라고 한다. 온돌 룸은 주로 내국인이 사용하며, 리조트지역의 호텔에서 일정비율 확보해 놓고 있다.

컨넥팅 룸(connecting room)

객실 2개가 연결되어 있으며, 내부의 문을 이용하여 투숙객 간에 상호 왕래가 가능한 형태로서, 3~4명의 가족이 사용하기에 적합한 객실이다. 객실을 2개 사용한다는 점에서 요금은 객실 2개의 값이다.

온돌 룸(ondol room)

컨넥팅 룸(connecting room)

어드조이닝 룸(adjoining room)

객실이 나란히 붙어 있는 형태로서 내부에 통용문이 없다는 점에서 커넥팅 룸과는 차이가 있다. 예를 들어 2개의 룸을 원하는 투숙객에게 1001호와 1003호가 나란히 붙어 있어 그것을 제공하면 어드조이닝 룸이 되는 것이다. 주로 같은 일행이 옆에 붙어 있는 객실을 원할 때 제공한다.

1.2 객실등급에 의한 분류

스탠다드 룸(standard room)

보통실로 평수가 비교적 작거나 조망이 그다지 좋지 않은 룸이다. 일반적으로 리조트 호텔의 경우 바다나 호수 등의 전망이 보이지 않는 반대쪽의 객실을 스탠다드 룸으로 규정하기도 한다. 일부 호텔에서는 스탠다드 룸(standard room)이라는 용어 대신에 슈페리어 룸(superior room)이라는 용어를 쓰기도 한다,

디럭스 룸(deluxe room)

고급실로 스탠다드 룸보다는 평수가 조금 더 넓거나 조망이 좋은 편이다. 일반적으로 리조트 호텔의 경우 바다나 호수 등의 전망이 보이는 쪽의 객실을 디럭스 룸으로 규정하기도 한다.

비즈니스 전용 층 객실(executive floor room)

비즈니스 고객을 위하여 위치가 좋은 몇 개 층에 특별히 만든 객실로서 디럭스 룸과 크기 면에서는 차이가 없지만 객실 내부에 비즈니스업무 수행을 위한 시설 및 차별화된 서비스를 제공받을 수 있는 객실이다.

스위트 룸(suite room)

특실로 침실에 거실이 딸린 호화스러운 룸이다. 스위트 룸의 등급은 주니어 스위트(junior suite), 코너 스위트(corner suite), 로열 스위트(royal suite), 프레지덴셜 스위트(presidential suite) 등이 있는데, 호텔마다 등급의 명칭이 다르고 평수, 시설, 서비스 차별화 등을 기준으로 구분하고 있다.

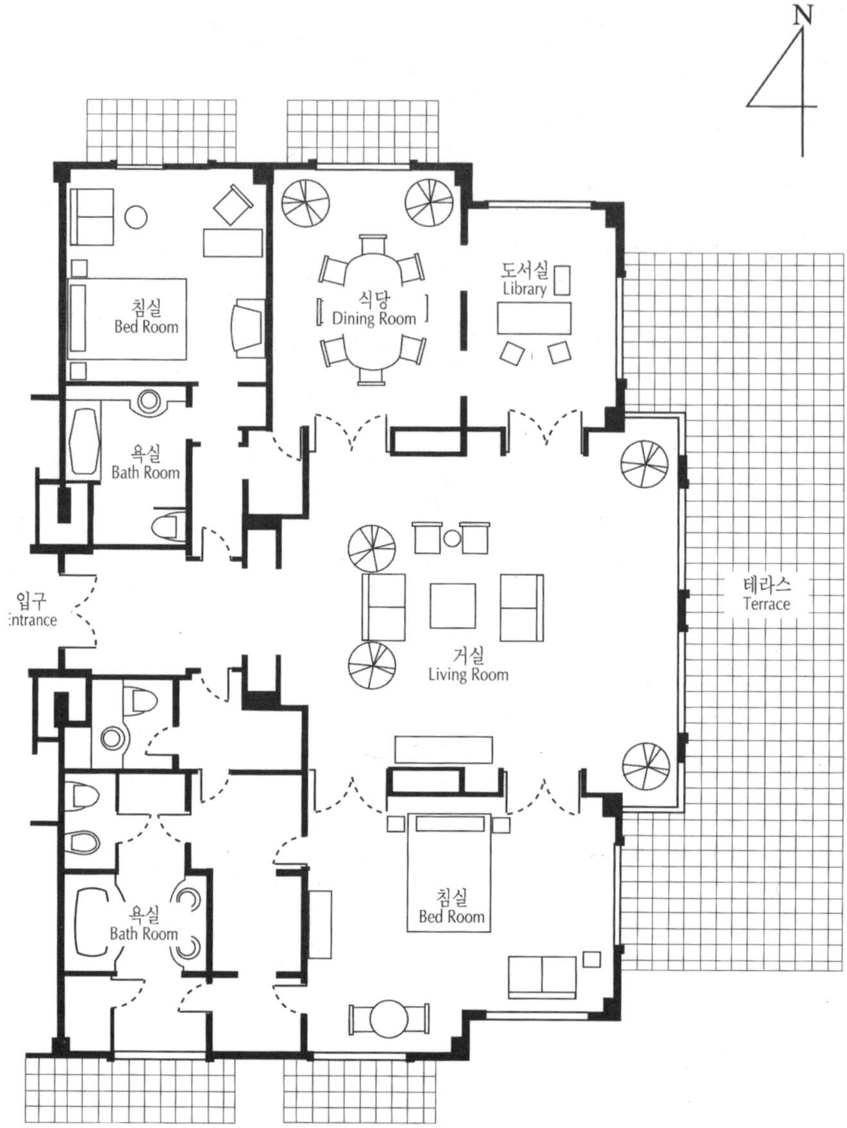

제주 신라호텔의 프레지덴셜 스위트 룸 평면도

2. 객실요금의 종류

2.1 공표요금

공표요금(rack rate)이란 호텔 측이 행정기관에 신고하고, 고객에게 널리 알린 객실요금으로 객실요금표(room tariff)에 명시되어 있는 요금을 말하며, 풀 레이트(full rate)라고도 한다. 호텔 측에서는 아무리 성수기라도 공표요금 이상을 받을 수 없으며, 오히려 공표요금에서 할인을 해주는 경우가 많다. 공표요금에는 봉사료와 세금이 포함되어 있지 않다. 우리나라의 객실 공표요금은 2인 기준으로 1명이 투숙한다고 해서 객실요금이 낮아지는 것은 아니다. 그러나 일본의 경우 인당 개념으로 2인이 투숙할 경우 추가요금이 발생하기도 한다.

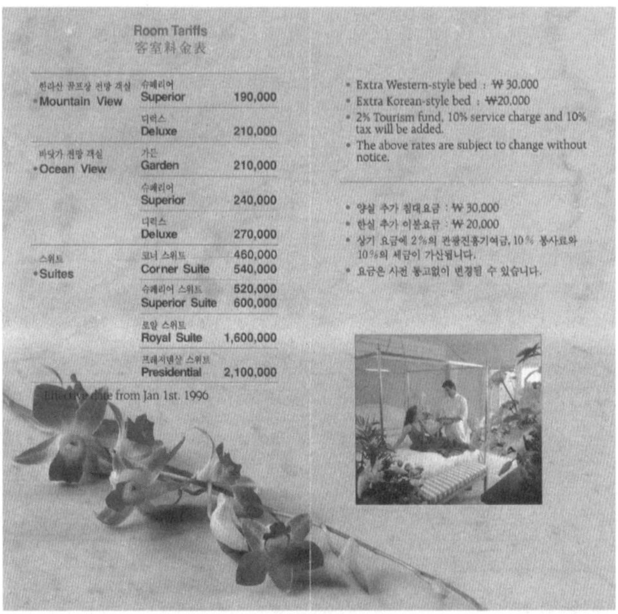

Room Tariffs
客室料金表

한라산 골프장 전망 객실 • Mountain View	슈페리어 Superior	190,000
	디럭스 Deluxe	210,000
바닷가 전망 객실 • Ocean View	가든 Garden	210,000
	슈페리어 Superior	240,000
	디럭스 Deluxe	270,000
스위트 • Suites	코너 스위트 Corner Suite	460,000 540,000
	슈페리어 스위트 Superior Suite	520,000 600,000
	로얄 스위트 Royal Suite	1,600,000
	프레지덴샬 스위트 Presidential	2,100,000

Effective date from Jan 1st. 1996

- Extra Western-style bed : ₩30,000
- Extra Korean-style bed : ₩20,000
- 2% Tourism fund, 10% service charge and 10% tax will be added.
- The above rates are subject to change without notice.

- 양실 추가 침대요금 : ₩30,000
- 한실 추가 이불요금 : ₩20,000
- 상기 요금에 2%의 관광진흥기여금, 10% 봉사료와 10%의 세금이 가산됩니다.
- 요금은 사전 통고없이 변경될 수 있습니다.

호텔의 객실요금표(room tariff)

2.2 특별요금

객실영업을 하는 과정에서 고객에게 공표요금을 받지 못하고 할인 등의 특별요금(special rate)으로 제공하는 경우가 많다. 사실 호텔에서 100%의 공표요금을 받는 경우는 많지 않으며, 대부분의 고객들이 작게는 10%에서 많게는 50% 정도의 할인을 받는다. 객실영업상 특별요금이 적용될 수밖에 없는 이유는 보유하고 있는 객실을 매일 그리고 일 년 내내 100% 판매한다는 것은 불가능하기 때문이다. 따라서 호텔에서는 영업차원이나 고객관리 차원에서 불가피하게 할인을 해주고 있다. 특별요금은 개인고객과 단체로 나누어 다음과 같이 운용한다.

개인고객(F.I.T) 특별요금

F.I.T(Foreign Independent Tour)는 개별고객을 의미한다. 단체나 계약에 의한 할인은 협의나 계약내용에 따라 할인을 해주면 되지만, F.I.T 고객의 경우는 예약상황에 따라 유동적으로 할인을 해 줄 수 있다. F.I.T 고객의 할인규정은 호텔마다 다르지만 보편적으로 다음 표와 같이 운용하고 있다.

[표 2-1] 개별고객 객실할인 정책

할인율	승인절차
50% 할인	총지배인의 승인을 득한다.
40% 할인	객실부장 또는 판촉부장의 승인을 득한다.
30% 할인	비수기의 경우 프런트나 예약실의 직원이 임의로 결정할 수 있으나 성수기에는 객실과장의 승인을 득한다.
20% 할인	프런트나 예약실 직원이 객실상황에 따라 임의로 결정할 수 있다.

비수기 특별요금

도심지 호텔은 계절적으로 성수기와 비수기가 불분명하지만, 리조트호텔의 경우 극명하게 나타난다. 즉 겨울철 스포츠나 휴양이 가능한 지역의 호텔은 여름철이 비수기이지만, 그 외 대부분 리조트 호텔의 경우 겨울철이 비수기이다. 비수기에는 객실점유율을 높이기 위해 대폭 할인된 특별요금으로 판매한다. 그러나 계절상 성수기일지라도 예약이 저조하면 특별요금이 제시되고, 반대로 비수기일지라도 특정일에 예약이 몰리면 그날에는 특별요금이 적용 안 되는 경우도 있다.

계약요금

사업이나 출장 등의 목적으로 연중 객실을 이용하고자 하는 특정 기업체와 송객 계약을 맺어 할인요금을 적용하는데 이를 커머셜 요금(commercial rate)이라고 하고, 연간 이용 실적에 따라 등급을 나누어 객실요금의 20%~40% 정도 차등 할인을 적용한다. 만약 장기로 투숙해야 할 고객(long term guest)이 있으면 특별계약(대체적으로 40~60% 할인)을 맺어 적용한다.

이러한 기업체와의 계약요금은 일반적으로 도심지 비즈니스 호텔에서 많이 운용하며, 호텔입장에서는 연중 지속적으로 고객을 확보할 수 있다는 점에서 장려되고 있다. 기업체 외에 카드사와도 계약을 맺어 카드사 회원을 대상으로 투숙 시 할인된 금액을 적용하기도 한다.

단체요금(group rate)

단체 할인요금은 기업체, 관공서, 학교 등의 단체에서 컨벤션이나 세미나 등을 하면서 객실을 이용하고자 할 때 적용하는데, 사용하는 객실숫자와 성 · 비수기에 따라 할인 폭이 달라지고 협상에 의해서 객실요금이 결정된다. 특히 객실영업에서 가장 큰 비중을 차지하는 고객은 여행사 단체고객이다. 즉 여행사는 연중 지속적으로 외래 관광객을 송객해주므로 기본적으로 객실점유율을 확보할 수 있다는 점에서 파격적인 할인요금을 제시하기도 한다. 대부분의 호텔은 매년 여행사에게 성 · 비수기, 주중 · 주말 등 세분화하여 여행사단체 할인요금을 제시하고 있다.

패키지요금(package rate)

영업전략상 프로모션(promotion) 차원에서 객실에 식사와 부대시설 이용 등을 묶어 제시된 요금을 말한다. 고객의 입장에서는 객실만 이용하는 것보다는 패키지상품을 이용하게 되면 규모의 이익을 누릴 수 있다. 일반적으로 패키지상품은 객실을 기본으로 조식과 사우나 등의 부대시설 이용권을 묶어 구성하고 있다.

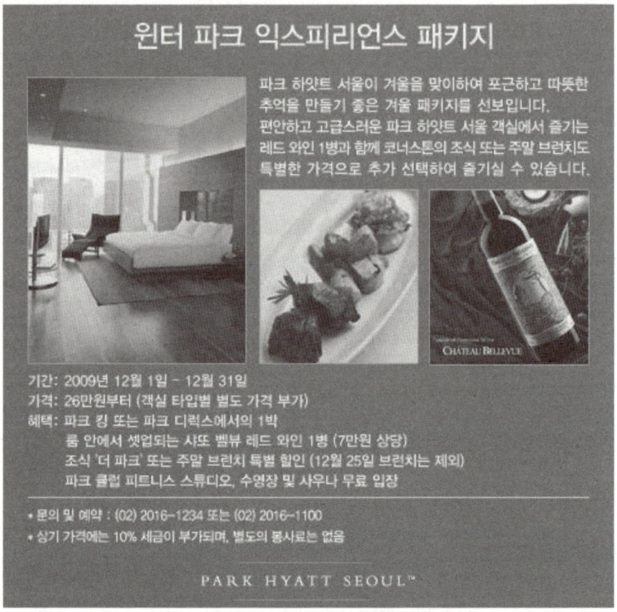

파크 하얏트의 패키지 상품

2.3 무료 및 기타요금

무료요금

호텔의 영업전략상 접대가 필요한 경우와 단체를 인솔한 자 또는 단체행사를 계약하기 위하여 사전에 방문한 답사자에게 무료(compli-mentary : comp.)로 객실을 제공하기도 한다. 대개 여행사 단체의 경우 15실사용에

1실, 일반단체의 경우 20실 기준에 1실을 무료로 제공하는데, 일반단체의 경우 협상에 의하여 그 기준이 달라질 수도 있다.

하우스 유즈(house use)

호텔 자체의 필요에 의해서 객실요금을 계산하지 않고 사용하는 경우를 말한다. 예를 들어 총지배인 등의 간부 숙소로 사용하는 경우와 야간당직자 및 출장 온 자사의 직원들이 사용하는 경우를 말한다.

업그레이드(up grade)

호텔의 사정에 의하여 고객이 예약한 객실보다 부득이 더 나은 객실을 제공할 경우 추가요금을 받지 않고 제공하는 경우를 말한다. 또한 단골이나 주요고객에게 접대의 명목으로 낮은 급의 객실을 그 보다 높은 객실로 제공하면서 요금은 낮은 급의 객실요금을 적용하는 경우도 해당된다. 이와 반대로 다운 그레이드(down grade)는 호텔의 부득이한 사정으로 예약받은 객실보다 낮은 급의 객실을 제공하는 것을 의미하는데, 이때는 낮은 급의 객실요금을 적용해야 한다.

미드나이트 차지(midnight charge)

밤 12시를 넘어 새벽에 투숙하고자 하는 고객에게 1박의 전체 요금을 적용하는 것이 아니라 할인된 금액을 적용하는 경우를 말한다.

홀드 룸 차지(hold room charge)

고객이 체크아웃을 하지 않고 객실에 가방 등의 수하물을 놓아 둔 채 여행 등의 이유로 1박 이상 객실을 비워두게 되면 비워 둔 일수만큼 요금이 계산되는 제도이다. 또한 성수기에 객실을 예약하기 힘들 때 사전에 개인이나 단체가 객실을 일정 수 홀드(hold)하는 경우가 있는데, 예약 당일 사용하지 않으면 그 수만큼 객실요금을 지불하는 제도이다.

초과요금(over charge)

호텔의 체크인 시간은 정오 이후이고, 체크아웃 시간은 정오 이전이다. 그러나 고객이 사정상 체크아웃을 정오 이후에 할 경우 부과하는 요금을 초과요금이라고 한다. 정오부터 1~2시간 초과는 호텔이 서비스 차원에서 초과요금을 받지 않지만, 3시 이후에는 객실요금의 30%, 5시 이후에는 50%, 6시 이후에는 100% 등 호텔마다 규정에 의하여 초과요금을 받고 있다.

데이 유즈(day use)

고객이 객실을 1박 사용하는 것이 아니라 주간(일반적으로 오전 10시에서 오후 5시 사이)에 몇 시간 체재할 경우 시간단위로 계산하거나 할인을 해주는 제도를 말한다. 대개 휴양지 온천, 교외, 공항, 역 등의 지역에 위치한 호텔에서 잠시 쉬는 고객을 위하여 만든 제도이다.

취소요금(cancellation charge)

개인 또는 단체가 객실을 예약해 놓고 취소를 하는 경우 부과하는 요금인데, 각 호텔의 약관이나 예약상황에 따라 적용률이 다르다. 그러나 실제 적용하기에는 어려운 점이 따른다. 만약 예약 선수금(deposit)을 받아 놓았을 경우 당일 취소를 하게 되면 환불이 안 되는 경우가 있다.

플래트 레이트(flat rate)

단체고객들이 요금이 서로 다른 타입의 여러 객실을 사용하더라도 요금을 균일적으로 적용하는 특별 요금을 말한다.

싱글 유즈(single use)

2인용 객실에 1인이 투숙하는 경우 객실요금을 일정 부분(10% 정도)을 할인해주는 요금제도를 말한다.

2.4 식사 유무에 의한 요금

객실요금에 식사가 포함될 경우 매출증가와 식음료업장의 가동률을 높일 수 있다는 장점이 있지만, 고객의 입장에서는 식사 유무를 떠나 식사가 포함된 객실요금을 지불해야 하므로 부담이 될 수밖에 없다. 따라서 호텔 경영자는 자신이 경영하는 호텔의 내·외부 환경을 고려하여 적절한 요금 방식을 채택해야 할 것이다.

유럽피언 플랜(European Plan : EP)

객실과 식사요금을 별도로 구분하여 계산하는 제도를 말한다. 도심지 호텔을 비롯한 대부분의 호텔에서 이 제도를 도입하고 있다.

콘티넨탈 플랜(Continental Plan : CP)

객실요금에 아침식사가 포함되어 있는 제도를 말한다. 이 제도는 주로 유럽지역에서 성행되었고 조식메뉴는 콘티넨탈 블랙퍼스트(Continental Breakfast)를 제공하였다. 오늘날 이 제도는 주로 아침을 해결해야 하는 비즈니스 고객을 대상으로 또는 호텔주변에 조식을 먹을 만한 식당이 없는 리조트호텔에서 운영하고 있는데, 조식메뉴는 나라마다 또는 호텔마다 다르게 운영되고 있다.

아메리칸 플랜(American Plan : AP)

객실요금에 3회의 식사가 포함된 제도로 풀 팡숀(full pension)이라고도 한다. 이 제도는 미국의 서부개척 당시 숙박장소 이외에는 식사할 곳이 없어서 3식을 모두 호텔 내에서 해결할 수밖에 없는 데서 유래되었다. 이후 이 제도는 호텔주변에 식사를 할 만한 장소가 없는 리조트 호텔에서 도입하였지만, 리조트지역의 주변에 식당들이 점점 들어서면서 감소하게 되었다.

모디파이드 아메리칸 플랜(Modified American Plan : MAP)

수정된 미국식 요금 제도로 데미 팡숑(demi-pension)이라고도 하는데, 객실요금에 조식과 석식 등 2끼의 식사요금이 포함된 제도를 말한다. 주로 관광지의 호텔에서 주로 적용하는데, 호텔에서 조식 후 낮에는 관광을 하면서 외부에서 점심을 해결하고, 호텔로 돌아와서 석식을 먹는 경우이다. 우리나라의 경우 제주도 지역의 호텔은 대부분 이 방식의 요금제도를 채택하고 있다.

3. 객실요금의 특성

3.1 객실요금의 특성

객실요금은 객실의 가치를 표시하고, 이익을 창출하는 직접적인 기능을 지니고 있으며, 종사원의 월급, 시설 재투자, 주주들에 대한 이익배당 등과 같은 일련의 호텔기업 활동은 요금을 통해서 실현이 가능하다.

시장에서의 가격은 일반적으로 수요와 공급의 법칙에서 결정된다. 즉 공급은 일정한데 수요가 증가하면 가격이 상승하고, 반면에 수요는 일정한데 공급이 증가하면 가격은 하락한다. 객실의 경우 공급은 항상 일정하므로 수요의 증감에 의하여 요금이 결정된다고 할 수 있다. 그러나 객실요금은 공표되어 있으므로 아무리 수요가 증가하더라도 더 이상 요금을 올려 받을 수 없다. 반면에 수요가 적으면 요금을 탄력적으로 할인할 수밖에 없는 것이 객실영업의 현실이다.

이와 같이 객실요금은 수요에 의하여 창출되는 특징을 가지고 있으며, 객실요금이 요금표에 의하여 풀 레이트(full rate)로 고정되어 있더라도 실질적으로는 예약상황, 성수기와 비수기, 주중과 주말 등을 고려하여 탄력적으로 운용할 수밖에 없는 특성을 가지고 있다.

[그림 2-1] 객실의 수요와 공급 곡선

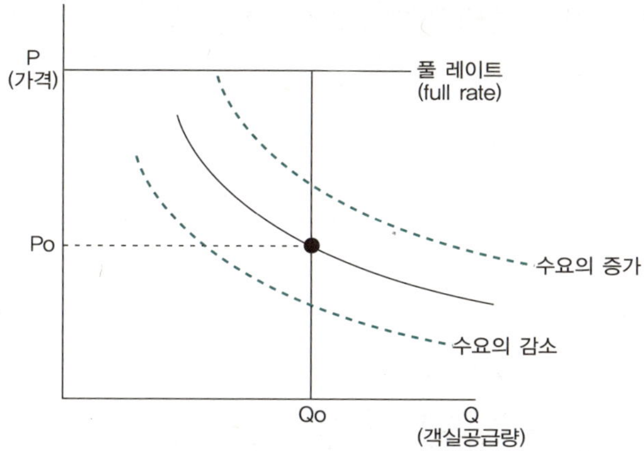

가격(價格)과 요금(料金)의 차이

가격(價格) : 물건이 지니고 있는 가치를 돈으로 나타낸 것 ➡ 제품

요금(料金) : 남의 힘을 빌리거나 사물을 사용 · 소비 · 관람한 대가로 치르는 돈 ➡ 서비스

※ 자료 : 이정학(2009). 서비스마케팅, 대왕사, p.133

3.2 객실요금 산정 시 고려사항

객실요금은 기본적으로 호텔의 등급과 위치에 따라 다양하게 결정된다. 호텔은 규모나 시설, 서비스 수준에 따라 등급화되어 있다. 크게는 고급 호텔(deluxe hotel)과 보통 호텔(standard hotel)급으로 구분하지만, 대부분 국가에서는 자국의 법에 따라 세분화하고 있다.

우리나라의 경우 과거에는 관광호텔업의 등급을 무궁화 수로 구분했으나 글로벌 추세에 의하여 2015년부터 규모나 시설, 서비스 수준 등에 따라 5등급으로 구분하고 별(star)로 표시하고 있다.

[표 2-2] 관광호텔의 등급 표시

등급	별 수
5성급	★★★★★
4성급	★★★★
3성급	★★★
2성급	★★
1성급	★

[표 2-3] 호텔 등급의 평가 기준

구분		1성	2성	3성	4성	5성
평가 기준	현장평가	400점	400점	500점	585점	700점
	불시평가	200점	200점	200점	–	–
	암행평가	–	–	–	265점	300점
	총 배점	600점	600점	700점	850점	1,000점
결정 기준	등급별 기준	평가점수가 총 배점의 50% 이상	평가점수가 총 배점의 60% 이상	평가점수가 총 배점의 70% 이상	평가점수가 총 배점의 80% 이상	평가점수가 총 배점의 90% 이상
	공통 기준	1. 호텔업 등급평가기준에 따른 등급별 등급평가기준 상의 필수 항목을 충족할 것 2. 제11조(안전 관련 법규 준수여부 확인) 1항에 따른 점검 또는 검사가 유효할 것				

그리고 객실요금 산정 시 고려되어야 할 요인으로는 ① 투자자본, ② 인건비, ③ 간접비, ④ 경쟁호텔 고려 등이 있다.

투자자본

호텔의 토지 및 건물 내 · 외부 시설(가구, 비품, 객실 및 부대업장 인테리어, 로비 등)의 고정자산은 고가들로 이루어져 있기 때문에 이에 대한 투자자본을 회수하기 위해서는 객실요금 산정에 이를 반영해야 한다.

인건비

호텔은 서비스산업으로서 많은 인적 자원이 투입되므로 비용부분에서 인건비가 차지하는 비율이 높다. 물론 객실요금 산정 시의 인건비는 객실부서 인건비만 한정하는 것이 아니라 호텔 전체의 인건비를 의미한다. 따라서 객실요금 산정에 이러한 인건비도 반영되어야 한다.

간접비용

호텔 시설은 항상 청결하고, 쾌적하게 관리 유지되어 고객에게 만족을 주어야 하는데 이에 따른 관리유지비와 영업과 관련된 판매촉진비 등 간접비용이 많이 소요된다. 이러한 간접비용도 객실요금에 반영되어야 한다.

경쟁호텔 동향

객실요금을 산정할 때 동일지역 내에 있는 경쟁호텔의 시설수준과 요금을 고려하는 것은 현실적인 방법이다. 투자비용이 경쟁호텔보다 높지만 비슷한 요금수준으로 고려한다면 투자비용회수의 기간을 길게 예상해야 되고, 경쟁호텔보다 높은 요금을 고려할 때는 고객이 기꺼이 지불할 수 있는 서비스와 시설적 차별화가 요구된다.

3.3 객실요금 산정 방법

하워드(Horwath) 방식

이 방식은 미국의 호텔회계회사(Laventhol Krekstein Horwath and Horwath)가 개발한 것인데, 투입된 객실건축비의 1/1,000을 객실당 요금으로 산정하는 것으로 일명 힐튼(Hilton)방식이라고도 한다. 1930년대 시카고의 팔머하우스에서 처음으로 도입하여 1960년대까지 대부분의 호텔이 적용하였고, 우리나라에서도 초기 반도호텔(1936년 개관)이 이 방식을 채택하였다. 당시에는 영업공간이 객실위주로 되어 있었기 때문에 이 방법이 가능했지만, 오늘날에는 객실영업을 위한 부대시설 및 로비 등 비영업적인 공간의 확충 등을 감안하면 적절한 산정방식은 아니다.

휴버트(Hubbart) 방식

1952년 로이 휴버트(Roy Hubbart)에 의하여 처음으로 소개되었고, 미국 호텔/모텔 협회가 연구개발한 방식으로서 산정공식은 다음과 같다.

$$\text{객실요금} = \frac{\text{연간 총경비}+\text{연간 목표이익}}{\text{객실 수}\times\text{목표객실점유율}\times 365\text{일}}$$

[예제 1]

A호텔은 객실 수가 400실인데 객실요금을 휴버트방식으로 산출하고자 한다. 연간 총경비는 370억 원을 예상하고 연간목표이익은 30억 원으로 하고 있으며, 객실점유율은 80%를 목표로 하고 있다.

$$\text{객실요금} = \frac{370\text{억}+30\text{억}}{400\text{실}\times 0.8\times 365} = 342,465\text{원}$$

여기서 구한 객실요금 342,465원은 판매 가능한 타입별 객실 수에 각 요금을 곱하여 총계를 내고 다시 객실 수로 나누어 산출한 객실당 판매가능 평균요금을 의미한다.

[예제 2]

B호텔의 객실 수는 400실이고 객실요금을 300,000으로 설정하고, 연간 총경비는 280억, 연간 목표이익은 20억 원으로 설정하였을 때 객실점유율은 얼마를 올려야 하는가?

$$300,000\text{원} = \frac{280\text{억}+20\text{억}}{400\text{실} \times Q \times 365\text{일}}$$

$$Q = \frac{300\text{억}}{300,000\text{원} \times 400 \times 365} = \frac{300\text{억}}{438\text{억}} = 0.68$$

$\therefore$ 68.5%

시장조사 및 분석에 의한 요금결정

후발주자로서 객실요금을 산정할 때는 수요예측과 시장의 특성, 경쟁호텔의 객실영업상황과 요금 등을 참고하여 결정하는 것이 가장 적절한 방법이다. 시장조사분석에서 고려되어야 할 사항은 다음과 같다.

- 국내 · 외 경제동향
- 국내 · 외 관광환경
- 시장의 규모 및 목표시장의 특성
- 경쟁호텔의 매출액 추이
- 경쟁호텔의 객실점유율 추이
- 경쟁호텔의 객실평균요금(room average rate) 추이
- 타입별 객실 면적과 요금 비교

3.4 손익분기점

손익분기점(break-even point)이란 손익과 비용이 일치하는 상태의 매출액이다. 즉 이익도 손실도 발생되지 않는 매출액을 말한다. 만약 일정 기간의 매출액이 분기점을 넘어서면 이익이 발생하고, 분기점 이하로 떨어지면 손실이 발생한다. 손익분기점이 중요시되는 것은 일정 이익을 올리기 위해서는 얼마의 매출을 올려야 하는 준거를 제시해 주기 때문이다.

[그림 2-2] 손익분기점 분석

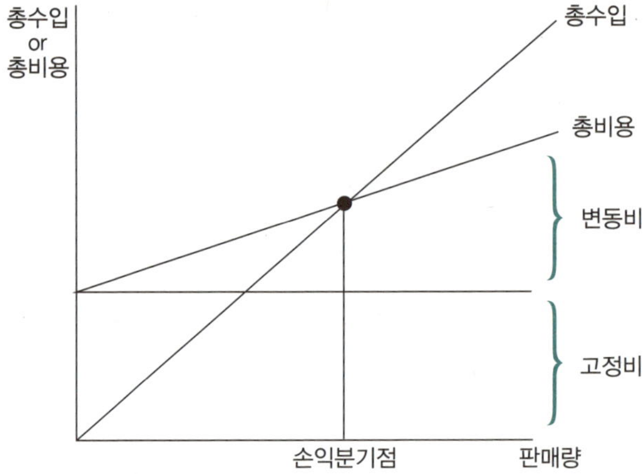

손익분기점을 구하는 방법은 판매량과 매출액을 기준으로 하여 구하는 두 가지 방법이 있다.

판매량 손익분기점

판매량 즉 몇 개를 팔아야 손익분기점에 도달하는지 분석하는 것을 말하는 것으로 산출 공식은 다음과 같다.

$$손익분기점 = \frac{고정비용}{단위당\ 판매가격 - 단위당\ 변동비용}$$

- **고정비** 인건비, 일반관리비, 금융비용, 감가상각비 등
- **변동비** 재료비, 소모품비, 변동성 노무비(아르바이트 비용 등)
- **단위당 변동비** 상품 1개를 팔았을 때 들어가는 재료비(객실의 경우 1실)
- **단위당 판매가격** 상품 1개당 판매가격(객실의 경우 1실당 요금)

[예제 3]

객실이 300실인 C호텔은 연간 총고정비용이 180억 원, 객실단위당 변동비용이 10,000원, 객실단위당 판매가격은 250,000원이라면 손익분기점에 도달하기 위해서는 몇 실을 판매해야 하는가?

$$손익분기점(X) = \frac{180억\ 원}{250{,}000원 - 10{,}000원} = 342{,}465원$$

[예제 4]

예제 3의 C호텔은 손익분기점에 도달하기 위해서는 객실점유율을 얼마를 올려야 하는가?

$$연간\ 객실점유율(Y) = \frac{연간\ 판매된\ 객실\ 수}{연간\ 판매가능\ 객실\ 수} \times 100$$

$$Y = \frac{75{,}000실}{300실 \times 365일} \times 100 = 68.5\%$$

매출액 손익분기점

매출액을 어느 정도 올려야 손익분기점에 도달하는지 분석하는 것을 말하는 것으로 산출 공식은 다음과 같다.

$$\text{손익분기점} = \frac{\text{총고정비}}{1 - \dfrac{\text{단위당 변동비}}{\text{판매단가}}}$$

[예제 5]

C호텔에서 연간 얼마의 매출액을 올려야 손익분기점에 도달하는가?

$$\text{손익분기점(X)} = \frac{\text{180억}}{1 - \dfrac{\text{10,000원}}{\text{250,000원}}} = \text{187억 5천만 원}$$

연습문제 호텔관련 종사원 자격시험 대비

※ 다음의 설명에 해당하는 것을 보기에서 고르시오.

1. 싱글 베드가 나란히 2개 들어 있는 객실을 무엇이라고 하는가?

2. 더블이나 트윈 룸에 소파형의 베드가 들어가 있는 룸을 무엇이라고 하는가?

3. 객실 2개가 연결되어 있으며, 내부의 문을 이용하여 투숙객 간에 상호 왕래가 가능한 형태의 룸은?

4. 객실이 나란히 붙어 있는 형태로서 내부에 통용문이 없는 룸은?

5. 침실과 거실이 분리되어 있는 룸은?

6. 4인용 객실을 무엇이라고 하는가?

[보기]
① 싱글 룸(single room)
② 더블 룸(double room)
③ 트윈 룸(twin room)
④ 트리플 룸(triple room)
⑤ 쿼터 룸(quater room)
⑥ 스튜디오 룸(studio room)
⑦ 스위트 룸(suite room)
⑧ 컨넥팅 룸(connecting room)
⑨ 어드조이닝 룸(adjoining room)

※ 다음의 설명에 해당하는 것을 보기에서 고르시오.

7. 호텔 자체의 필요에 의해서 사용한 객실요금은?

8. Complimentary(comp.) 요금이란?

9. 밤 12시를 넘어 새벽에 투숙하고자 하는 고객에게 1박의 전체 요금을 적용하는 것이 아니라 할인된 금액을 적용하는 요금은?

10. 고객이 객실을 1박 사용하는 것이 아니라 주간(일반적으로 오전 10시에서 오후 5시 사이)에 몇 시간 체재할 경우 시간단위로 계산하는 요금은?

11. 단체고객들이 요금이 서로 다른 타입의 여러 객실을 사용하더라도 균일적으로 적용하는 요금은?

[보기]

① 무료요금　② 데이 유즈(day use)
③ 하우스 유즈(house use)　④ 업그레이드(up grade)
⑤ 미드나이트 차지(midnight charge)　⑥ 플래트 레이트(flat rate)
⑦ 홀드 룸 차지(hold room charge)

12. 비즈니스 고객이 가장 선호하는 객실은?

① studio room　② connecting room
③ executive floor room　④ suite room

13. 다음 중 가장 높은 요금은?

① 공표요금(rack rate)　② 커머셜 요금(commercial rate)
③ 패키지요금(package rate)　④ 단체요금(group rate)

14. 다음 중 객실요금에 아침식사가 포함되어 있는 제도는?

① European Plan　② Continental Plan
③ American Plan　④ Modified American Plan

15. 객실요금 산정 시 고려되어야 할 요인이 아닌 것은?

① 투자자본　② 인건비
③ 객실 수　④ 경쟁호텔의 요금

16. 다음 중 호텔의 고정비가 아닌 것은?

① 인건비 ② 일반관리비
③ 금융비용 ④ 재료비

17. 객실이 200실인 A호텔은 연간 총고정비용이 120억 원, 객실단위당 변동비용이 10,000원, 객실단위당 판매요금은 260,000원이라면 손익분기점에 도달하기 위해서는 몇 실을 판매해야 하는가?

18. 17번 문제의 A호텔은 손익분기점에 도달하기 위해서 객실점유율은 연간 얼마를 올려야 하는가?

제3장

객실시설물의 이해

Front Office & Housekeeping

제3장

객실시설물의 이해

1. 객실의 구조

객실은 투숙객이 수면, 샤워, 휴식 등을 위하여 안락한 시설로 꾸며져 있다. 객실의 구조는 크게 침실 및 거실 그리고 욕실로 구분하며, 그 외 부수적인 가구시설 등으로 되어 있다.

[그림 3-1] 객실 레이아웃

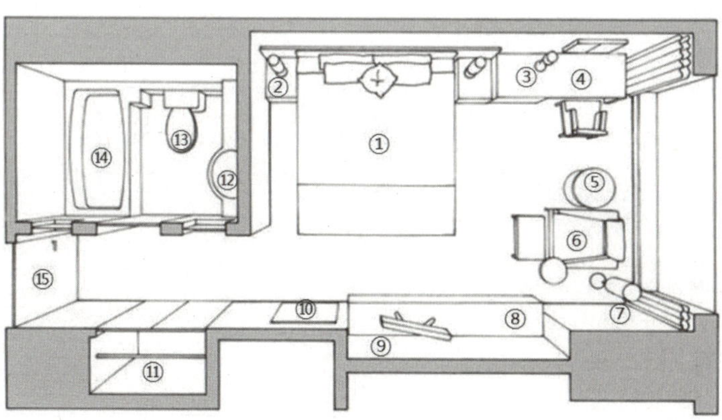

① 침대 ② 침대 조명 ③ 화장대 조명 ④ 화장대 ⑤ 소파 테이블
⑥ 소파 ⑦ 거실조명 ⑧ 수하물 받침대 ⑨ TV ⑩ 미니바 ⑪ 옷장
⑫ 세면대 ⑬ 변기 ⑭ 욕조 ⑮ 출입문

2. 객실 키

2.1 객실 키(key)의 의의

키(key)는 보안의 기능을 가지고 있다. 객실의 출입문은 키로 열도록 되어 있으며, 출입 후 문이 닫히면 자동으로 잠금되도록 되어 있는데, 즉 객실 안쪽에서는 문을 열 수 있지만, 바깥쪽에서는 키가 없으면 열 수 없는 시스템으로 되어 있다. 따라서 투숙 후 외출이나 체크아웃할 때는 반드시 키를 소지하고 나서야 한다.

2.2 형태에 의한 분류

객실 키의 종류는 다음과 같이 형태와 용도에 의하여 분류할 수 있다.

열쇠형 키

전통적인 형식으로써 텍(tag)에 키를 끼운 모양이며, 출입문 열쇠구멍에 끼워 열도록 되어 있다. 이 키의 단점은 무게와 부피로 인하여 외출 시 소지하기 어려워 프런트에 보관하는 등의 불편이 따른다. 만약 투숙객이 이 키를 분실하게 되면 호텔 측에서 재제작을 위한 비용을 청구할 수 있도록 되어 있다.

열쇠형 키

카드형 키

카드 키(card key)는 ① 투숙 여부에 대한 정보를 알 수 있고 ② 고객이 소지하고 다니기 쉬우며 ③ 분실 시 재발급이 용이하고 ④ 체크아웃시 반드시 반납하지 않아도 되는 등의 장점이 있다는 점에서 오늘날 대부분의 호텔에서 도입하고 있다. 카드 키의 유형은 삽입형과 근접식형이 있다. 삽입형은 카드 키를 가로로 넣었다가 빼면 녹색불이 들어오는데 그때 문을 열 수 있다. 근접식 카드 키는 카드의 면을 갖다 대면 신호음이 울리고 그 때 문을 열 수 있는 시스템이다.

삽입형 카드키

근접식 카드 키

2.3 용도에 의한 분류

게스트 룸 키(guest room key)

고객용 키로 체크인 시 고객에게 전달되며, 객실 내 키랙(key rack)에 꽂아야 모든 전원의 가동이 가능하고, 프런트 데스크에서도 투숙 여부를 확인할 수 있다.

패스 키(pass key)

한 층의 객실 전체를 열 수 있는 키로 플로어 마스터 키(Floor Master Key)라고도 한다. 주로 룸 메이드(room maid)가 객실을 청소할 때와 룸 인스펙터(room inspector)가 객실상태를 점검할 때 사용하며, 불출일지에 기록하여 관리하도록 되어 있다.

마스터 키(master key)

전 객실을 열 수 있는 키로서 프런트 금고에 보관하며, 주로 비상시에 사용한다. 불출 시에는 철저한 분실이나 사고 등을 예방하고자 불출대장에 사용일시, 목적, 서명 등을 기록으로 남겨야 한다.

2.4 키랙(key rack)

키랙(key rack)은 객실 문을 열고 들어와 키를 꽂아 두는 곳으로 키 센서(key sensor)라고도 한다. 키랙은 객실의 출입문을 열면 벽쪽에 위치하고 있으며, 이곳에 키를 꽂으면 객실 내 전원이 공급되고, 프런트 데스크와 하우스키핑 및 룸 메이드가 근무하는 플로어 스테이션에 투숙여부가 자동 체크된다. 키를 빼게 되면 프런트 데스크와 하우스키핑 및 플로어 스테이션에 외출 또는 퇴숙 여부가 체크되고, 냉장고를 제외한 객실 내에 전원이 차단된다.

[그림 3-2] 키랙(key rack) 센서의 기능

키랙(key rack)

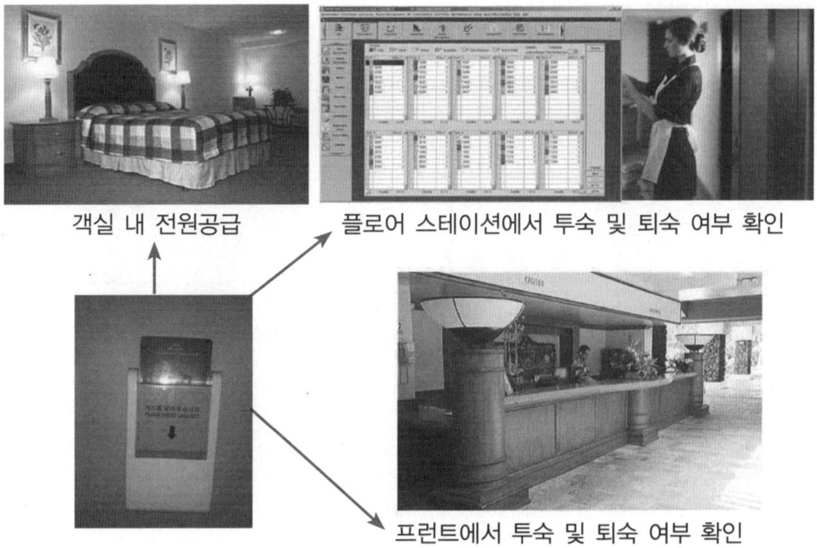

3. 조명 및 냉난방시설

3.1 조명시설

객실 내 전체를 밝혀 줄 조명은 없다. 즉 천장에 조명시설이 없으며, 침대 머리맡, 화장대, 소파 주변 등의 간접조명을 사용하도록 되어 있다. 출입문을 열고 들어오자마자 벽에 붙어 있는 키랙(key rack)에 키를 꽂으면 전원이 들어오게 되고, 각각의 조명은 나이트 테이블에서 조작하도록 되어 있다. 나이트테이블이 없는 경우에는 침대의 벽 쪽에 냉난방조절 시설과 함께 조명조절 시설이 부착되어 있는 경우도 있다. 결국 객실 내 각각의 간접조명 시설에는 온 · 오프(on · off)기능이 없으므로 나이트 테이블에서 조작하거나 벽에 부착된 시설물에서 조절해야 한다.

[그림 3-3] 객실 내 조명시설

3.2 냉난방시설

객실 내 냉난방의 조절시설은 침대 쪽의 벽에 부착되어 있는데, 거기서 온도를 조절하면 되며, 나이트 테이블에서 조작할 수 있는 경우도 있다.

침대 쪽 벽에 부착된 냉난방 및 조명조절 시설. 마스터(master) 버튼은 각각의 조명을 모두 켤 수도 있고, 끌 수도 있는 기능이다.

3.3 나이트 테이블

객실 내의 나이트 테이블(night table)이란 침대에서 조명, 냉난방, 시계 알람, 라디오 등을 직접 또는 원격으로 조정할 수 있는 기능의 시설물을 말한다. 나이트 테이블의 종류는 다음과 같다.

부착형 나이트 테이블

호텔객실의 전통적인 나이트 테이블로 침대주변에 가구처럼 부착되어 있다.

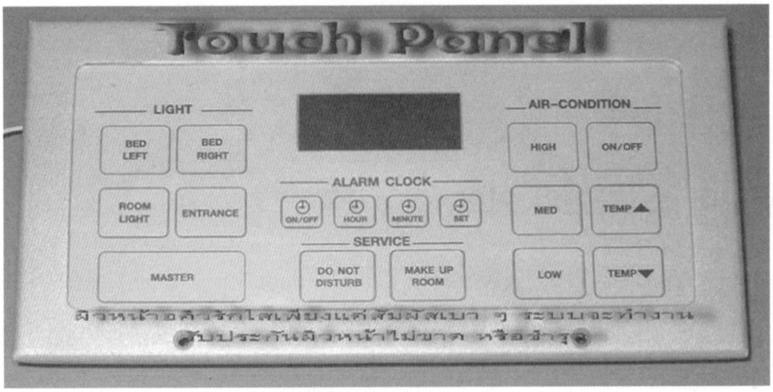

부착형 나이트 테이블

스마트형 나이트 테이블

가구처럼 부착되어 있는 것이 아니라 침대 옆 테이블 위에 놓여 있으며, 전화기처럼 버튼을 누르도록 되어 있다.

리모컨형 나이트 테이블

TV · 비디오 등의 작동 기능이 함께 되어 있으며 리모컨처럼 객실 내에서 이동하며 조명 등을 조정할 수 있다.

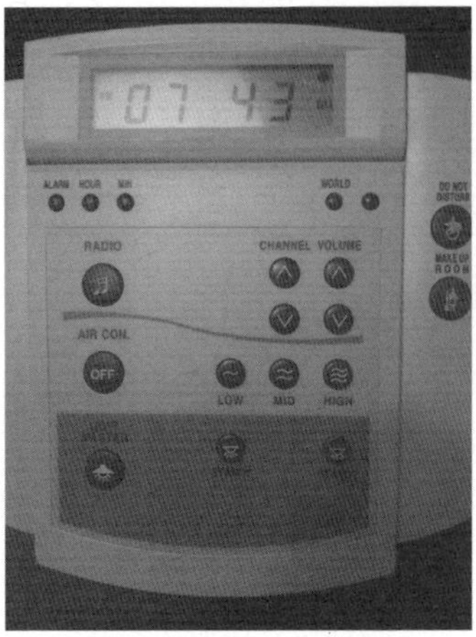

스마트형 나이트 테이블

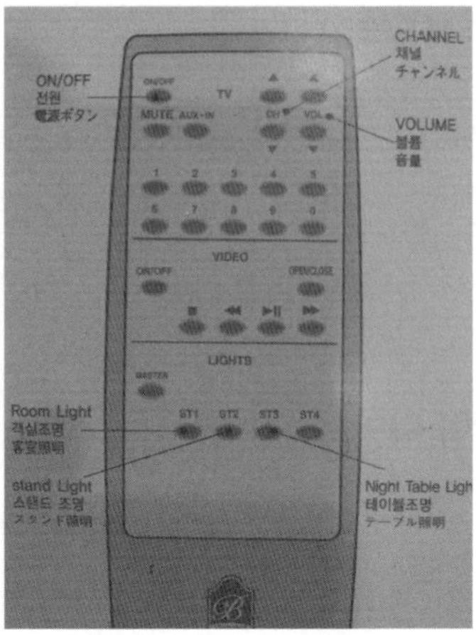

리모컨형 나이트 테이블

4. 도어 놉 카드

4.1 도어 놉 카드의 의의

객실 문고리에 걸려 있는 도어 놉 카드(door knob card)는 양면으로 되어 있는데, 한쪽 면은 “Please make up room(청소해 주세요)”라고 표기되어 있고, 다른 한 면에는 “Do not disturb(깨우지 마세요)”라고 표기되어 있다. 투숙객이 필요에 따라 바깥 문고리에 걸어 놓는다. 즉 ‘Please make up room’은 투숙객이 외출을 하는 동안 그 룸을 청소해 달라는 의미이며, 바깥 문고리에 걸어놓고 외출을 하게 된다. 일부 호텔에서는 ‘Please make up room’이라는 용어 대신 ‘Please clean the room’이라는 용어를 사용하기도 한다.

그리고 투숙 다음날 오전에는 룸 메이드가 간단한 청소 및 미니바 체크를 위하여 방문하는데, 그때 원하지 않거나 방해받지 않고 싶으면 ‘Do not disturb’라는 표시가 되어 있는 면을 전날 수면하기 전에 바깥 문고리에 걸어 놓게 된다. 일부 호텔에서는 'Do not disturb'라는 용어 대신 'Privacy only'라는 용어를 사용하기도 한다.

4.2 도어 놉 카드의 형태

문고리 형

종이나 플라스틱 재질로 되어 있으며, 객실 문 안쪽 문고리에 걸려 있다.

[그림 3-4] 객실 안쪽 문고리에 걸려 있는 도어 놉 카드(door knob card)

뒷면 : 'Do not disturb'

앞면 : 'Please make up room'

스마트형

최근에는 전통적인 문고리 형 대신 객실 안에서 나이트 테이블이나 벽면에 부착된 사인(sign) 버튼을 사용하여 객실 바깥 문 옆에 부착된 인디케이터(indicator)에 'Please make up room' 또는 'Do not disturb'가 표시되도록 하는 스마트형이 추세이다.

'Please make up room' 버튼

'Do not disturb' 버튼

스마트형 나이트 테이블의 도어 늡 카드 버튼

[그림 3-5] 객실 내 벽면에 부착된 도어 늡 카드 사인(sign) 버튼

'Please make up room' 버튼

'Do not disturb' 버튼

객실 내 냉난방 조절기와 도어 늡 카드 사인(sign) 버튼

스마트형 나이트 테이블이나 객실 내 벽면에 부착된 도어 늅 카드 사인(sign) 버튼을 누르면 객실 바깥문 옆 인디케이터(indicator)에 그 표시가 나타난다.

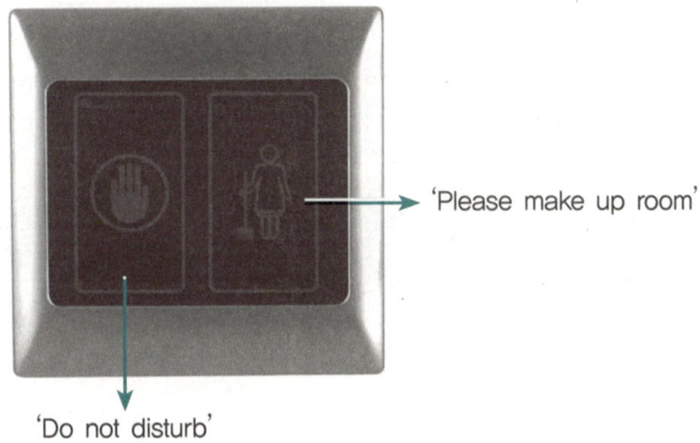

문자가 아니라 그림으로 표시되는 인디케이터도 있다.

5. 미니바와 옷장

5.1 미니바

미니바(mini bar)란 객실 내에 비치된 냉장고로 그 속에는 각종 주류 및 음료가 들어 있으며, 미니바 위 또는 서랍 안에는 커피와 티, 간단한 스낵

(snack) 등이 비치되어 있다. 호텔 측에서 제공하는 기본적인 물은 무료라고 표시되어 있거나 안내문이 붙어 있고, 커피 및 티(tea)도 무료로 제공된다. 그러나 그 외의 모든 품목은 유료이다. 계산하는 방법은 미니바 위에 비치된 계산서에 고객이 직접 마크하도록 되어 있으며, 체크아웃 시 스스로 계산하도록 되어 있다. 우리나라의 경우 미니바의 품목은 인적 서비스에 의하여 제공된 것이 아니라는 점에서 봉사료 10%는 제외되고, 세금 10%만 부과된다.

미니바는 심야에 식음료부서의 룸서비스를 통하지 않고 고객이 셀프서비스로 편리하게 사용하게 되어 있으며, 그 매출은 객실부서의 것이라는 점에서 전략적 관리가 요구된다.

미니바의 모습

5.2 옷장 내 시설

객실의 옷장 내부에는 투숙객의 옷을 걸 수 있는 옷걸이, 나이트 가운(nightgown), 객실용 슬리퍼, 세이프티 박스(safety box) 등이 들어 있다.

나이트 가운과 슬리퍼

옷장 내부의 나이트 가운과 슬리퍼는 객실 내에서만 편안하게 사용하는 것이다.

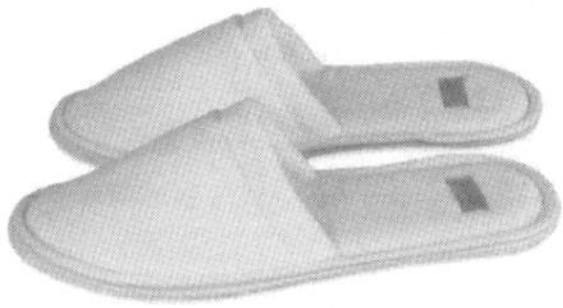

객실용 슬리퍼(slipper)

나이트 가운(nightgown)

세이프티 박스(safety box)

일명 귀중품 보관함인 세이프티 박스(safety box)는 고객이 소지한 귀중품 및 현금 등을 보관할 수 있는 개인금고를 말하는데, 옷장 내부에 위치해 있다. 일반적으로 호텔은 객실에서 개인 부주의로 도난사고를 당할 경우 책임지지 않는다는 점에서 고객의 사용 요청 시 적절한 안내가 요구되는데 사용설명서가 세이프티 박스 위에 비치되어 있다. 사용 전에는 열려 있지만 귀중품을 넣은 뒤 고객자신이 사용설명서에 따라 비밀번호를 입력하면 된다.

세이프티 박스(safety box)

6. TV/전화 및 인쇄물과 문구류

6.1 TV

객실에는 TV가 필수적으로 설치되어 있다. 특히 공식적인 채널 외 영화 등을 보고자 할 때는 유료(pay TV)로 제공하는데, 특정 채널을 선택한 뒤 시청여부를 묻게 되어 있고, 고객이 체크아웃 시 그 요금을 지불해야 하며, 프런트에 그 기록이 남아 있다.

6.2 전화

객실 내에 설치된 전화를 통하여 투숙객이 내 · 외부 송수신을 할 수 있다. 일반적으로 교환을 통하거나 D.D.D를 통하여 직접 송신을 한다. 객실의 전화는 이러한 송수신 기능 외 0번~9번까지 특정 번호마다 용도별로 단축 기능을 가지고 있다. 호텔마다 단축번호의 용도는 통일되어 있지 않지만, 일반적으로 0번은 교환이다. 객실 내 전화의 단축번호별 용도의 사례를 들면 [표 3-1]과 같다. 단축번호가 없는 경우 번호 주변에 용도별로 별도의 버튼이 마련되어 있는 전화기도 있다.

[표 3-1] **단축 전화의 용도(예)**

단축번호	표기	용 도
0	Operator	전화교환원. 모닝콜 등 부탁할 때
1	Front Desk	프런트 데스크. 프런트에 문의 사항이 있을 때
2	Bell Desk	벨 데스크. 벨맨을 요청할 때
3	Room service	룸 서비스. 객실 내에서 식음료를 주문할 때
4	Duty desk	당직지배인 데스크. 불평사항이나 긴급사항이 발생했을 때
5	Room to room	객실에서 다른 객실로 연결할 때(단축 번호+객실번호)
6	Laundry	세탁실. 세탁물을 맡길 때
7	Housekeeping	하우스키핑. 객실 내 청소를 부탁할 때

8	Engineering	시설부. 객실 내에 온.난방 등 고장이 발생했을 때
9	D.D.D	시내외 및 국제전화를 직접할 때

※ D.D.D = Direct Distance Dialing

단축전화번호 안내문

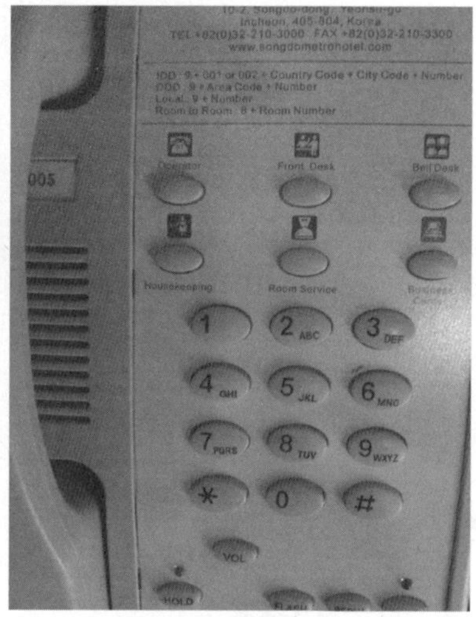

단축버튼(전화번호 위쪽)

6.3 인쇄물과 문구류

객실에는 고객의 편의를 위하여 각종 인쇄물과 문구류 등의 비품이 비치되어 있다. 각 호텔의 인쇄물과 문구류 등 비품의 범위는 약간의 차이가 있으나 일반적으로 ① 메모지와 볼펜, ② 호텔 안내서, ③ 각 업장의 프로모션 상품 안내, ④ 숙박 약관, ⑤ 룸 서비스 차림표, ⑥ 주변 관광안내 홍보물, ⑦ 그림엽서 등이 비치되어 있다.

인쇄물과 문구류

7. 욕실

7.1 욕실의 구조

호텔객실의 욕실은 크게 세면대, 변기, 샤워시설로 되어 있고, 샤워시설의 경우 욕조형과 부스형으로 구분한다.

욕조형

욕조형에서 샤워를 할 때는 샤워커튼을 욕조 안에 넣고 샤워하도록 되어 있다. 욕실 바닥에 물이 넘치게 되면 안전사고와 객실 내의 카펫이 젖는 등 낭패를 볼 수 있기 때문이다. [그림 3-6]의 화살표처럼 샤워커튼을 욕조 안으로 넣어 가로로 펼친 다음 그 안에서 샤워하는 것이다.

[그림 3-6] 욕조와 커튼

부스형

부스(booth)형은 욕조를 없애고 단지 샤워만 할 수 있도록 만든 시설로서 욕조형처럼 커튼이 없으며 단지 투명으로 된 문을 닫으면 된다.

부스형 샤워시설

사례 ▶ 미국 호텔에서 욕조 사라진다

"욕조는 없애고, 샤워 부스는 더 크고 화려하게."

거품 목욕 시대가 끝난 요즘 미국 호텔 업계에서 투숙객들이 거의 사용치 않는 욕조를 없애는 대신 샤워 부스를 더 크고 화려하게 만들면서 각종 편의 장치를 확대하는 노력이 확산되고 있다고 로스앤젤레스 타임스가 10일 보도했다.

호텔업계에 따르면 리처드 기어와 줄리아 로버츠가 로스앤젤레스 리젠트 베벌리윌셔 호텔의 욕조에서 거품 목욕을 하는 '프리티 우먼(Pretty Woman)'의 명장면도 이미 16년 전으로 거슬러 올라가듯 이제는 호텔에서 욕조를 사용하는 투숙객을 거의 찾아 볼 수 없다는 것. 더구나 시간적 여유가 있는 투숙객마저도 깨끗이 청소됐는지의 여부도 알 수 없이 욕조에 물을 받고 몸을 담글 수는 없다는 등의 이유로 욕조를 꺼리고 있는 형편이다. 이에 따라 업계에서는 거의 천덕꾸러기로 변한 욕조를 뜯어내고 샤워부스를 넓고 화려하면서도 색다른 느낌을 줄 수 있는 편의 장치가 마련된 곳으로 변화시키고 있다.

힐튼 호텔의 경우 'LA 베벌리힐튼'과 '베벌리힐튼 뉴욕'의 욕조를 죄다 뜯어냈고, 매리어트 역시 '소피텔 로스앤젤레스'를 지난 6월 리모델링하면서 4천만 달러를 들여 309객실 가운데 77개 객실의 욕조만 남겨두었다. 더구나 '소피텔 LA'는 2가지 샤워기를 설치하면서 샤워부스 안에서 '할리우드(Hollywood)'간판이 보이는 LA 전경을 내다볼 수 있는 유리로 교체함과 동시에 32인치 평면TV와 스피커 장치까지 마련했다.

소피텔의 브렌트 마틴 지배인은 "이제 투숙객이 욕실에 들어가 30~40분 동안 허비하는 시대는 지나갔다"면서 "색다른 경험을 하는 투숙객들이 대단히 만족한다"고 말했다. 호텔업계의 이런 움직임은 또한 투숙객이 자기 집처럼 편안하게 느끼길 원하기 때문인데, 최근 설문조사 결과 일반 가정집에서도 욕조가 사라지고 다기능 샤워기가 크게 인기를 끌고 있는 것으로 파악됐다. 특히 홀리데이인 호텔이 최근 2천만 달러를 들여 샤워부스를 개선하면서 계열사인 '콜러 스테이 스마트'의 샤워기를 설치했는데, 이에 만족한 투숙객들이 입소문을 내면서 개당 80달러인 이 샤워기는 불티나게 팔리고 있다.

※ 자료 : donga.com

7.2 욕실 어메니티

어메니티(amenity)란 욕실 내 비치된 용품으로 비누, 샤워 캡(shower cap), 로션류, 면도기, 면봉, 빗 등이 있으며, 우리나라 대부분의 호텔에서는 일회용 칫솔, 치약, 면도기 등은 환경문제로 인하여 비치하지 않고, 미니바(mini bar) 위에 정상품을 팔고 있다.

[그림 3-7] 욕실 내 어메니티

7.3 욕실 내 수건

욕실 내의 수건은 손수건, 얼굴수건, 발수건, 배스 타월(bath towel)이 있는데, 용도에 맞게 사용하도록 되어 있다. 타월의 종류와 용도는 [표 3-2]와 같다.

[표 3-2] 타월의 종류와 용도

종류	사이즈	비치된 곳	용도
손수건 (wash cloth)	30×30cm	세면대 주위	손을 닦거나 세면대 주위 물기 제거
얼굴수건 (face towel)	80×36cm	문 혹은 벽에 부착된 걸이	얼굴만 닦는 수건
발수건 (foot towel)	80×50cm	욕조에 걸쳐놓음	발만 닦는 수건
배스 타월 (bath towel)	120×65cm	욕실 내 선반	샤워 후 몸을 감싸는 수건

[그림 3-8] 욕실 내 수건류

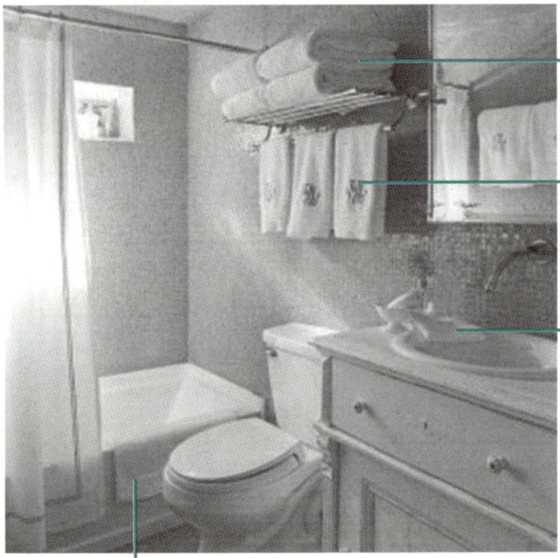

연습문제 **호텔관련 종사원 자격시험 대비**

1. **카드 키의 설명 중 틀린 것은?**

① 투숙 여부에 대한 정보를 알 수 있다.
② 분실 시 재발급이 용이하다.
③ 체크아웃 시 반드시 반납하지 않아도 된다.
④ 고객이 분실 시 재발급 비용을 지불해야 한다.

2. **패스 키(pass key)의 설명 중 틀린 것은?**

① 플로어 마스터 키(Floor Master Key)라고 한다.
② 룸 메이드(room maid)가 그 층의 객실을 청소할 때 사용한다.
③ 룸 인스펙터(room inspector)가 객실상태를 점검할 때 사용한다.
④ 호텔 전체의 객실도 열 수 있다.

3. **키랙(key rack) 또는 키 센서(key sensor)의 기능이 아닌 것은?**

① 미니바 사용 여부 자동 체크
② 객실 내 전원이 공급
③ 프런트 데스크에 투숙여부 자동 체크
④ 룸 메이드가 근무하는 플로어 스테이션에 투숙여부 자동 체크

4. **객실 내 나이트 테이블(night table)에서 조작할 수 없는 것은?**

① 온도조절 ② 조명조절 ③ TV작동
④ 알람시계

5. **도어 놉 카드(door knob card)에 표기된 "Please make up room"의 의미는?**

① 방을 비워 주세요 ② 방해하지 마세요
③ 방을 체인지해 주세요 ④ 방을 청소해 주세요

6. 미니바의 설명 중 틀린 것은?

① 체크아웃 시 고객이 스스로 계산한다.
② 우리나라의 경우 미니바의 품목은 세금 10%만 부가된다.
③ 식음료부서의 룸서비스가 관리한다.
④ 고객이 셀프서비스한다.

7. 객실 내에 있는 'safety box'란?

① 귀중품을 보관하는 개인금고　② 소방도구 보관함
③ 비상약품 보관함　④ 미니 냉장고

제4장

객실영업 부서의 실무

- 예약실 및 프런트 데스크

Front Office & Housekeeping

제4장

객실영업부서의 실무 - 예약실 및 프런트 데스크

1. 객실영업부서의 조직과 직무자세

1.1 객실영업부서의 조직

객실을 고객에게 판매하는 객실영업(F/O ; Front Office)부서의 조직은 객실부장을 정점으로 [그림 4-1]과 같이 조직되어 있다. 객실영업부서는 숙박을 하러 오는 고객을 영접하고, 객실등록 및 정산 등과 관련된 업무를 수행하며, 퇴숙 시에는 마지막으로 환송을 하는 등 체크인에서부터 체크아웃까지 대고객 서비스를 담당하는 곳이다. 객실영업부서는 대고객을 직접 접객하는 현관서비스(프런트 데스크, 유니폼 서비스)와 접객을 지원하는 백 오피스 서비스(예약실, 전화교환실) 등으로 크게 구분할 수 있다.

특히 객실영업의 실무 책임자인 프런트 지배인은 객실부서장을 보좌하고 현관서비스의 책임자 역할을 한다. 프런트 지배인의 업무 범위는 ① 현관부문 직원들을 지휘 · 감독 · 훈련을 하고, ② 객실상품에 대한 지식과 외국어를 겸비하여 대고객 영접 서비스를 하고, ③ 객실정비과(housekeeping)와 유기적인 업무체계를 갖추어야 하고, ④ 직원 스케줄을 관리하고, ⑤ 객실예약상황을 수시로 파악하여 판매전략을 세우고, ⑥ 객실영업보고서를 체크하고 분석하는 것이다.

[그림 4-1] 객실영업부서 조직

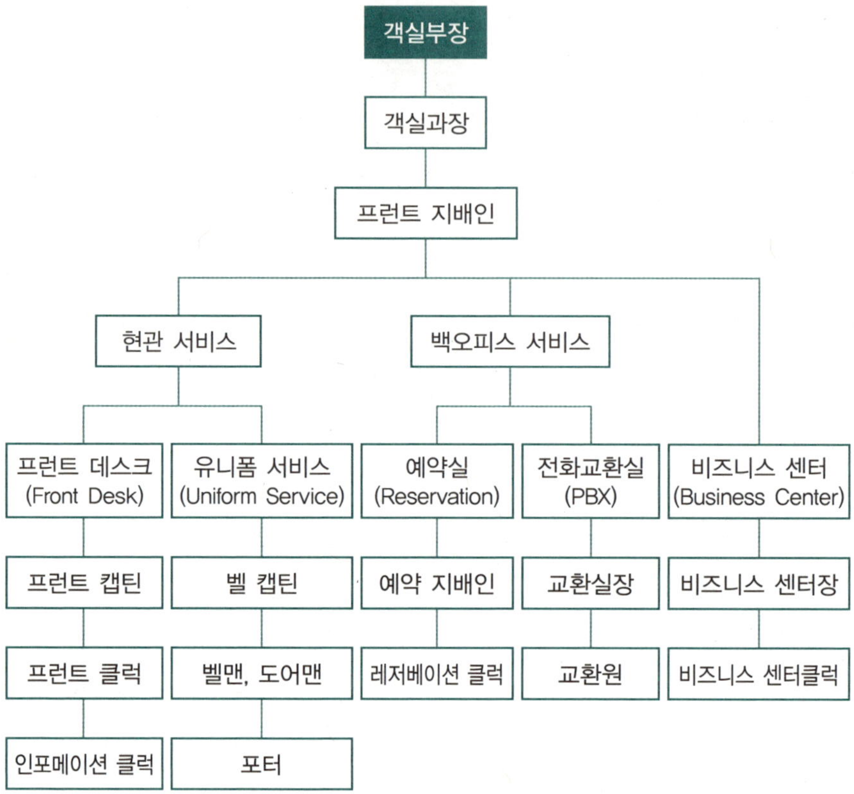

1.2 객실영업부서의 직무자세

대고객을 직접 접객하는 현관서비스(프런트 데스크, 유니폼 서비스)의 직원은 다음과 같은 직무자세가 요구된다.

- 품행이 단정해야 한다.
- 긍정적인 마인드를 유지해야 한다.

• 기꺼이 도와주려는 태도를 가져야 한다.
• 융통성이 있어야 한다.
• 용모가 단정해야 한다.
• 업무처리가 꼼꼼해야 한다.

[그림 4-2] **객실영업부서의 레이아웃**

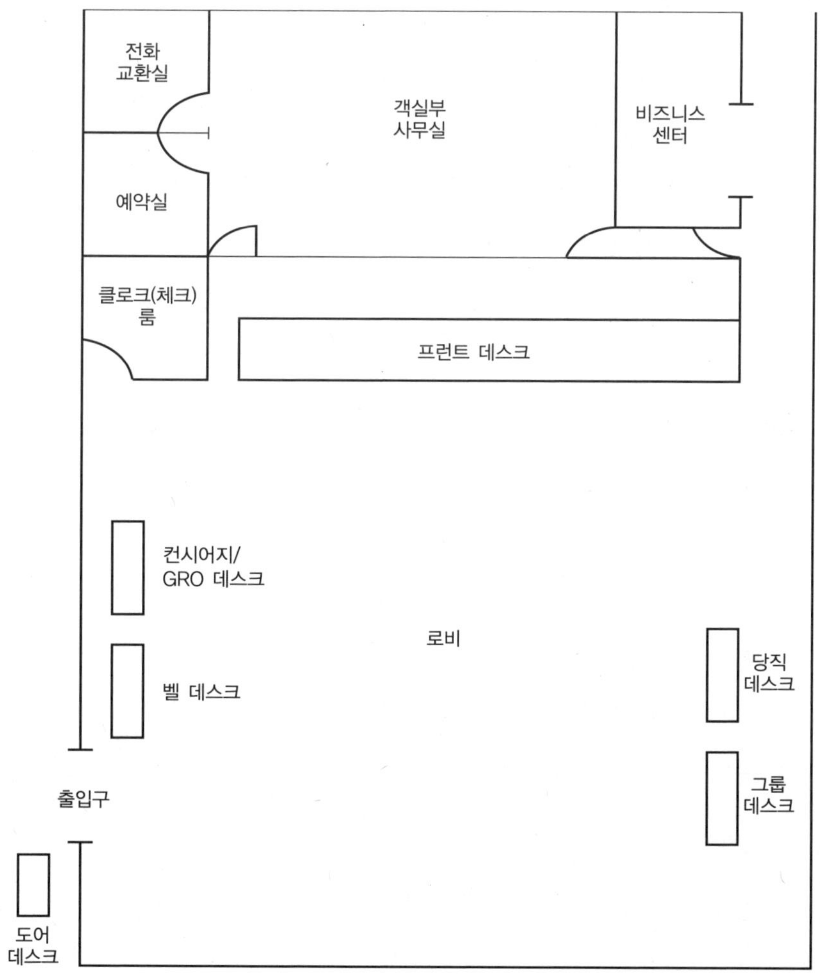

2. 예약실 업무

2.1 예약의 의의

호텔객실의 예약(reservation)이란 객실을 이용하고자 하는 고객과 객실을 판매하고자 하는 호텔이 상호 객실이용에 대한 약속 또는 계약을 의미하며, 그 내용에는 객실의 종류, 사용기간, 객실요금, 객실 수 등이 포함된다. 예약의 경로는 주로 전화 · 팩스 · 우편 · 인터넷 등이다. 이러한 예약을 통해서 고객의 입장에서는 호텔에 투숙할 때 사용에 대한 보장을 하는 것이며, 호텔의 입장에서는 객실의 타입 및 요금을 사전에 효율적으로 운용하여 매출을 극대화하고자 하는 것이다. 일반적으로 호텔 투숙객 중 80% 이상은 사전 예약 고객이며, 예약실 직원의 말 한마디와 능력에 따라 객실판매가 좌우된다는 점에서 예약관리의 중요성이 있다고 할 수 있다.

2.2 예약실 업무의 개요

예약실에서 예약업무를 담당하는 직원을 레저베이션 클럭(reservation clerk)이라고 하는데, 고객으로부터 예약을 접수 관리하여 프런트의 룸 클럭(room clerk)에게 인계하는 것이 주 업무이다. 따라서 예약실은 프런트 바로 뒤쪽에 위치하고 있다. 특히 예약실 직원은 예약을 접수하기 전에 고객의 다양한 문의에 답을 하기 위하여 다음과 같은 내용을 숙지하고 관련 자료를 주변에 비치해 놓아야 한다.

- 호텔의 전반적인 현황
- 객실의 종류, 숫자, 요금, 객실 내의 시설물 등
- 각 층의 객실위치 도면도인 플로어 플랜(floor plan)
- 식당 및 부대시설 현황
- 패키지(package) 상품, 프로모션(promotion) 상품, 이벤트 등

- 여행사, 기업체, 카드사 등과의 객실이용에 관한 계약사항 등
- 주변지역의 관광지 및 이용 교통편 등
- 숙박약관 숙지

[그림 4-3] 플로어 플랜(floor plan)

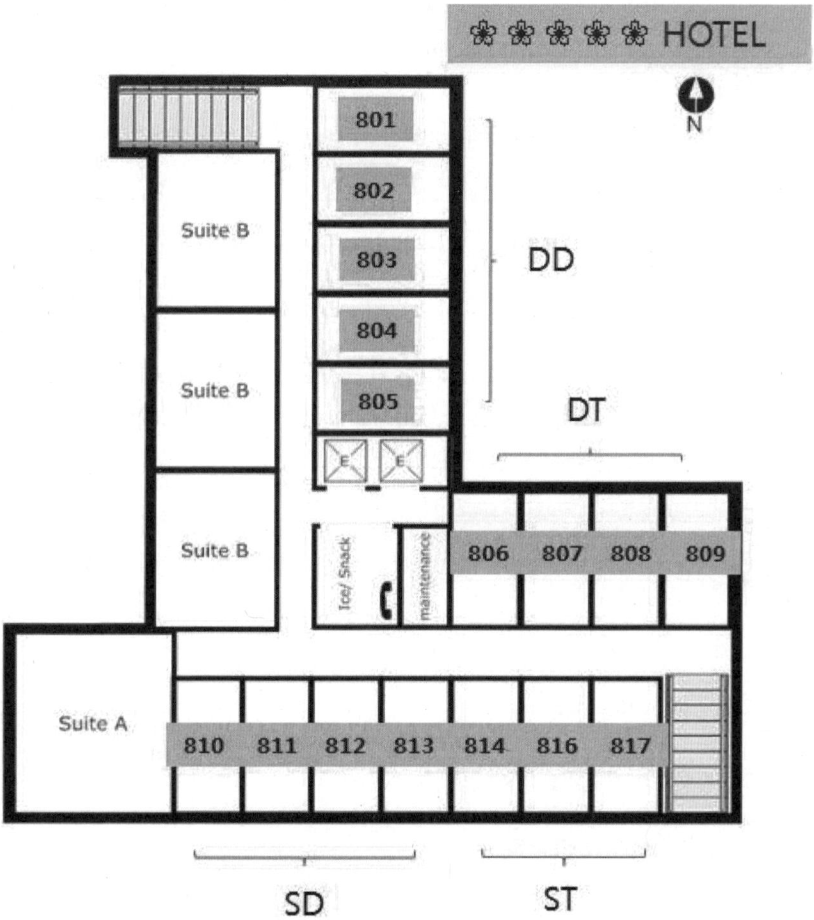

2.3 예약슬립 작성 및 예약입력

고객의 예약사항을 빠짐없이 기록하고, 체계적인 관리를 하기 위해서는 예약 즉시 슬립(slip)을 작성하거나 컴퓨터의 예약 창에 관련 사항을 입력해야 한다. 그리고 예약이 완료되면 고객에게 확인차원에서 예약번호를 알려 준다.

예약슬립 작성

예약슬립의 양식과 기입하는 방법은 다음과 같다.

<table>
<tr><td colspan="5">RESERVATION</td></tr>
<tr><td rowspan="3">MR.
①
MS</td><td colspan="2">.NO. OF PERSON</td><td>ARRIVAL</td><td>④</td></tr>
<tr><td>ADULT</td><td>CHILD</td><td>TIME/FLT</td><td>⑤</td></tr>
<tr><td>②</td><td>③</td><td>DEPARTURE</td><td>⑥</td></tr>
<tr><td colspan="5">ROOM TYPE : ⑦</td></tr>
<tr><td colspan="2">RESERVED BY : ⑧

TEL : ⑨</td><td colspan="3">RATE : ⑩
(⑪)% DISCOUNT AUTHORIZED BY
⑫ ____________</td></tr>
<tr><td colspan="5">SPECIAL REQUEST : ⑬</td></tr>
<tr><td colspan="5">BILLING INSTRUCTION : ⑭</td></tr>
<tr><td>TREATMENT : ⑮</td><td>BUSINESS CODE
⑯</td><td>RECEIVED DATE
⑰</td><td>RECEIVED CLERK
⑱</td><td>RESERV. NO.
⑳</td></tr>
</table>

① 고객의 성명을 기입한다. 남자의 경우 MR.에 여자의 경우 MS.에 체크한다.

② 어른의 숫자를 기입한다.

③ 어린이의 숫자를 기입한다.

④ 도착날짜를 기입한다. 예를 들어 10월 1일이면 '10/1'이라고 기입한다.

⑤ 호텔 도착시간 또는 비행기 도착시간을 기입한다.

⑥ 체크아웃날짜(퇴숙날짜)를 기입한다.

⑦ 룸 타입을 기입한다. 룸 타입 앞에는 객실숫자를 기입한다. 예를 들어 딜럭스 트윈(deluxe twin) 2실을 예약했다면 '2D/T'라고 기입한다.

⑧ 최초 예약을 원했던 사람의 성명을 기입한다. 투숙자와 예약자가 동일인일 수도 있고 다를 수도 있다.

⑨ 최초 예약을 원했던 사람의 연락처를 기입한다.

⑩ 투숙객에게 불러주었던 객실요금을 기입한다.

⑪ 만약 특별 할인을 해주었을 경우 그 할인 %를 기입한다.

⑫ 특별할인에 대하여 객실부서장이나 총지배인 등의 허가 필요 시 누구에 의하여 승인을 받았는지를 기입한다.

⑬ 투숙객의 특별요구사항을 기입한다.

⑭ 투숙객의 지불방법에 대하여 기입한다. 투숙객이 직접 직불로 계산하는 경우도 있지만 특히 투숙객의 상용거래처에서 대납하는 경우도 있고, 그 호텔과 계약을 맺은 상용업체가 후불로 계산하는 경우도 있다.

⑮ 특별고객의 경우 호텔 측에서 과일바구니나 꽃을 객실에 무료로 제공할 때 그 내용을 기입한다.

⑯ 호텔 내부의 지역별 판촉사무소에서 예약을 의뢰했을 경우 그 지역 명을 기입한다. 예를 들어 리조트 호텔의 경우 서울, 부산 등의 대도시에 판촉사무소가 있으므로 그 지역 명을 기입한다.

⑰ 예약을 받은 날짜를 기입한다.

⑱ 호텔 내 예약실 및 지역 판촉사무소에서 해당 예약을 받은 직원의 이름을 기입한다.

⑲ 투숙객에게 부여된 예약번호(reservation no.)를 기입한다.

[예제 6]

다음의 내용을 앞의 예약 슬립양식에 기입해보도록 하자.

홍길순(연락처 : 02-123-4567)은 자신의 회사 사장인 김길동으로부터 경주 A호텔의 객실예약을 의뢰받아 10월 1일 A호텔 서울사무소의 이말순에게 예약을 하였으며, 이말순은 홍길순에게 예약번호를 000789라고 통보하였다. 예약내용은 김길동 부부와 그의 아들 1명은 10월 31일부터 2박으로 투숙하며, 당일 도착시간은 15:00이고, 객실은 딜럭스 트윈(200,000원/1박)에 아들을 위하여 엑스트라 베드 1개(30,000원/1박)를 요청하였다. 요금은 김길동 사장이 직접 계산하며, 단골고객이기 때문에 호텔 측에서 '과일바구니 B'를 무료로 객실에 제공하기로 했다. 상기 요금에는 봉사료 10%와 세금 10%가 가산된다.

[예제 7]

김길동 사장은 체크아웃 시 객실사용료로 총 얼마를 지불해야 하는가?

(객실 200,000원×2박)+(엑스트라베드 30,000원×2박)=460,000원

```
  460,000원
+ 46,000원 ------- 봉사료 10%
---------
  506,000원
+ 50,600원 ------- 세금 10%
---------
  556,600원
```

답 : 556,000원

예약입력

컴퓨터에 예약사항을 입력하는 방법은 다음과 같다.

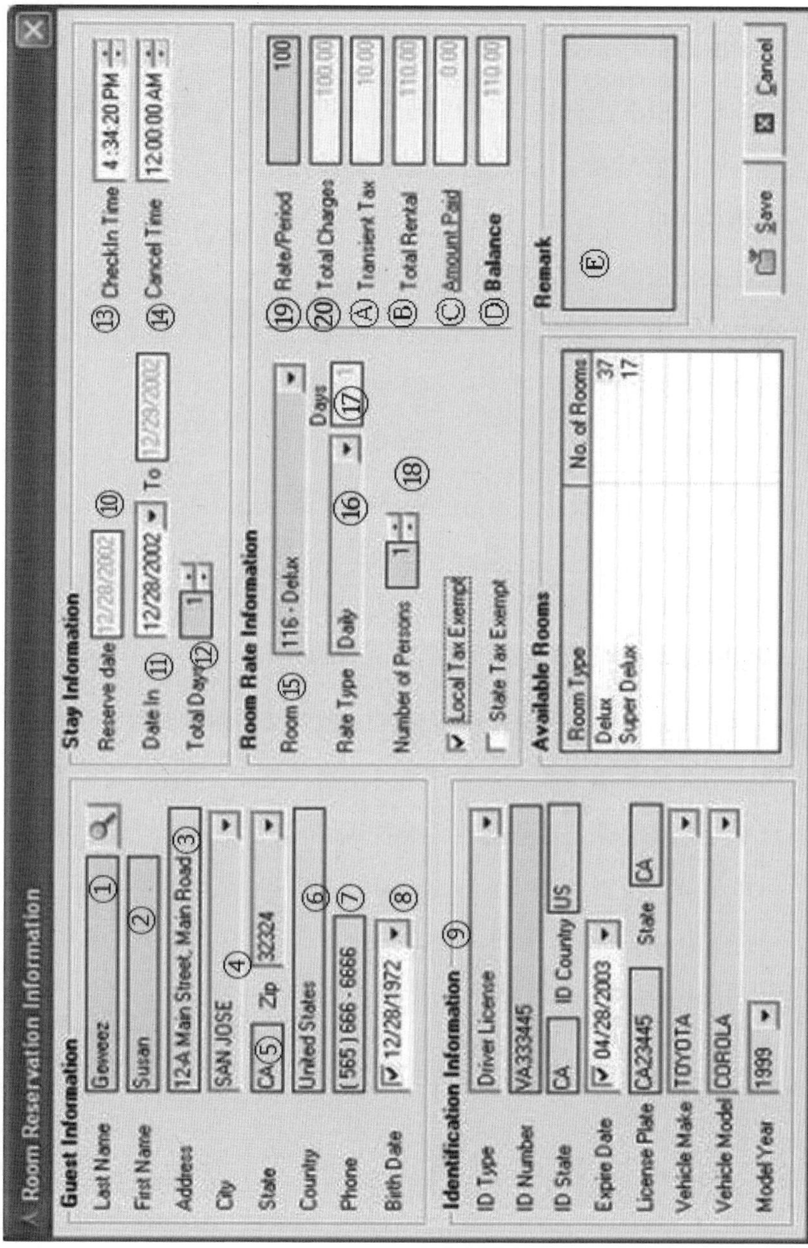

① 성(last name)	② 이름(first name)
③ 주소	④ 도시명
⑤ 주(광역시도)명	⑥ 국가명
⑦ 연락처	⑧ 생년월일. 입력하지 않아도 됨.

⑨ 개인정보(주민등록번호, 차량 등에 관한 사항). 입력하지 않아도 됨.

⑩ 예약을 한 날짜	⑪ 투숙일
⑫ 총 숙박일	⑬ 체크인 시간
⑭ 취소한 시간	⑮ 객실
⑯ 요금타입	⑰ 숙박일수당
⑱ 총 숙박기간	⑲ 1박당 객실요금
⑳ 총 요금	㉑ 세금
㉒ 객실요금 + 세금	㉓ 지불상황
㉔ 총계	㉕ 비고

객실타입 표기의 약어

객실타입의 명칭은 영어로 길게 되어 있어 호텔에서 예약슬립에 기입하거나 컴퓨터에 입력할 때는 약어를 사용하게 된다. 객실의 명칭은 일반적으로 객실의 등급 명칭을 먼저 사용하고, 그 다음 침대 스타일을 명칭을 붙이게 된다. 단, 스위트 룸(suite room)의 경우 침대스타일 대신 등급차체를 약어로 사용한다. 그 사례는 [표 4-1]과 같다.

[표 4-1] 객실타입의 약어

<table>
<tr><th colspan="2">분류</th><th rowspan="2">정식명칭</th><th rowspan="2">약어</th></tr>
<tr><th>등급</th><th>침대 스타일</th></tr>
<tr><td rowspan="3">Standard Room</td><td>Twin</td><td>Standard Twin Room</td><td>ST, S/T</td></tr>
<tr><td>Double</td><td>Standard Double Room</td><td>SD, S/D</td></tr>
<tr><td>Ondol</td><td>Standard Ondol Room</td><td>SO, S/O</td></tr>
<tr><td rowspan="3">Deluxe Room</td><td>Twin</td><td>Deluxe Twin Room</td><td>DT, D/T</td></tr>
<tr><td>Double</td><td>Deluxe Double Room</td><td>DD, D/D</td></tr>
<tr><td>Ondol</td><td>Deluxe Ondol Room</td><td>DO, D/O</td></tr>
<tr><td rowspan="2">EFL(Executive Floor) Room</td><td>Twin</td><td>Executive Floor Twin Room</td><td>ET, F/T</td></tr>
<tr><td>Double</td><td>Executive Floor Double Room</td><td>ED, E/D</td></tr>
<tr><td rowspan="4">Suite Room</td><td>Junior</td><td>Junior Suite Room</td><td>JS, J/S</td></tr>
<tr><td>Corner</td><td>Corner Suite Room</td><td>CS, C/S</td></tr>
<tr><td>Royal</td><td>Royal Suite Room</td><td>RS, R/S</td></tr>
<tr><td>President</td><td>President Suite Room</td><td>PS, P/S</td></tr>
</table>

2.4 예약받는 요령

F.I.T 예약

F.I.T 고객이 예약을 원할 때는 가장 먼저 투숙날짜의 객실상황을 체크한 다음 예약 슬립에 의하여 예약사항을 기입하고 특히 연락처를 명기한다. 만약 고객이 객실할인을 원할 경우 내부 규정에 의하여 적용한다. 일반적으로 40% 할인의 경우 객실부장 또는 판촉부장의 승인을 득하고, 50% 할인의 경우 총지배인의 승인을 득해야 한다.

그리고 개별고객이 예약을 하면서 룸 넘버를 알려 달라고 하는 경우가 있는데, 사전에 통보해서는 안 되고, 객실 타입만 확정해 준다. 룸 넘버는 당일 프런트에서 지정하는 것이다. 룸 넘버(room number)가 사전에 확정 통보되지 않는 이유 다음과 같다.

① 기존 투숙객이 객실을 연장(stayover)하여 사용할 수 있고
② 당일 객실이 냉난방, 침대, 기타 시설물 등의 고장(out of order)으로 인하여 사용할 수 없는 경우가 발생할 수 있기 때문이다.

또한 연중 예약이 몰리는 특정 날짜에 오래 전부터 예약을 원하거나 1년 후의 예약에 대해서는 가능한 요금을 확정하지 않는다. 객실요금 정책이 달라질 수 있기 때문이다. 특히 예약날짜에 객실이 만실에 가까우면 예약선수금(deposit)을 받아 노-쇼우 게스트(no-show guest)를 막아야 한다. 노-쇼우 게스트(no-show guest)란 예약을 해놓고 당일 나타나지 않는 고객을 말하며, 반면에 객실요금을 지불하고 객실을 사용하지 않은 고객을 슬리퍼(sleeper)라고 한다.

단체예약

여행사 등 단체예약을 접수받는 요령은 F.I.T 고객의 예약접수 요령과 비슷하나 단체예약의 경우 예약슬립이 별도로 준비되어 있다. 일반적으로 호텔에서 단체의 규정은 하나의 단체가 15실 이상 사용하는 경우를 말한다. 단체고객의 예약접수에서 특히 주의할 점은 객실, 식사, 부대시설이용 등의 요금 중에서 단체의 인솔자가 계산하는 부분과 개인이 지불하는 부분을 명확히 구분한다. 예를 들어 객실과 단체 식사의 경우는 단체의 인솔자가 계산하고, 객실 내에서 미니바(mini bar), 전화, 유료 TV 사용 및 개인적으로 커피숍, 사우나 등을 이용하였을 경우는 개인이 계산하는 경우이다.

단체예약을 접수할 때는 일단 해당 룸 및 숫자를 블록(block)해 두어 이중 판매가 되지 않도록 하고, 인원 변경 등 가변사항이 많으므로 도착예정 일주일 전에 확인 작업(confirm)을 해야 하며, 예약확인이 되었을 경우 단체명단, 식사예정, 도착시간, 여행일정표(itinerary) 등을 요구한다. 여행사 등 계약에 의한 단체의 예약은 예약실에서 접수하나 그 외 단체의 객실과

식음료 등에 관한 요금결정은 판촉부서의 담당자에게 인계하도록 한다. 단체예약 접수의 양식은 다음과 같다.

<table>
<tr><td colspan="2">Group Reservation
Date : ①</td></tr>
<tr><td colspan="2">Group Name : ②</td></tr>
<tr><td colspan="2">Arrival Date : ③ Check-in Time : ④</td></tr>
<tr><td colspan="2">Departure Date : ⑤ Check-out Time : ⑥</td></tr>
<tr><td>No. of Persons : ⑦</td><td>T/A, Organizer : ⑧</td></tr>
<tr><td>No. of Rooms : ⑨</td><td>Tel. No. : ⑩</td></tr>
</table>

Guest Rooms

<table>
<tr><td>Day Date ⑪</td><td>MON</td><td>TUE</td><td>WED</td><td>THU</td><td>FRI</td><td>SAT</td><td>SUN</td></tr>
<tr><td></td><td></td><td></td><td></td><td></td><td></td><td></td><td></td></tr>
<tr><td></td><td></td><td></td><td></td><td></td><td></td><td></td><td></td></tr>
<tr><td></td><td></td><td></td><td></td><td></td><td></td><td></td><td></td></tr>
<tr><td></td><td></td><td></td><td></td><td></td><td></td><td></td><td></td></tr>
<tr><td>Comp. Room ⑫</td><td></td><td></td><td></td><td></td><td></td><td></td><td></td></tr>
<tr><td>Total Rooms ⑬</td><td></td><td></td><td></td><td></td><td></td><td></td><td></td></tr>
<tr><td colspan="8">Room Rate : ⑭</td></tr>
<tr><td rowspan="2" colspan="2">Payment</td><td colspan="6">Group : ⑮</td></tr>
<tr><td colspan="6">Individual : ⑯</td></tr>
</table>

Meal Plan

<table>
<tr><td>Date/Time
⑰</td><td>No. of
Person ⑱</td><td>Meal ⑲</td><td>Menu
⑳</td><td>Restaurant
㉑</td><td>Price
㉒</td></tr>
<tr><td></td><td></td><td>B L D</td><td></td><td></td><td></td></tr>
<tr><td></td><td></td><td>B L D</td><td></td><td></td><td></td></tr>
<tr><td></td><td></td><td>B L D</td><td></td><td></td><td></td></tr>
<tr><td colspan="6">Remarks : ㉓</td></tr>
<tr><td colspan="3">Reserved by : ㉔</td><td colspan="3">Business Code : ㉕</td></tr>
</table>

① 예약접수 날짜 ② 단체명

③ 도착날짜 ④ 체크인 시간

⑤ 출발날짜 ⑥ 체크아웃 시간

⑦ 인원수

⑧ T/A(Travel Agency) : 여행사명, Organizer : 인솔자명

⑨ 총 객실사용 수 ⑩ 단체인솔자 전화번호

⑪ 객실 사용 날짜와 요일별 객실 수

⑫ 무료제공 객실 수 ⑬ 총 객실 수

⑭ 객실당 요금 ⑮ 단체가 계산하는 부분

⑯ 개인이 계산하는 부분 ⑰ 식사 날짜와 시간

⑱ 식사 인원수

⑲ 식사 구분(B : Breakfast, L : Lunch, D : Dinner). 해당부분에 ○표

⑳ 식사 메뉴 ㉑ 식사 장소명

㉒ 식사 요금 ㉓ 특별사항

㉔ 예약접수자

㉕ 예약을 의뢰한 판촉부 직원 명 또는 호텔 내 판촉사무소 지역명

[예제 8]

다음의 내용을 앞의 단체예약 접수 양식에 기입해 보자.

2015년 5월 1일 예약실 직원 홍길숙은 가자여행사로부터 일본 상공회의소 단체예약을 받았는데, 인솔자는 김길수이고, 그의 연락처는 010-1234-5678이라고 통보받았다. 투숙일은 7월 1일(수)이고, 체크인 시간은 17:00였으며, 퇴숙일은 7월 3일(금)이고, 체크아웃 시간은 10:00였다. 총 인원은 60명이고, 디럭스 트윈 30실을 사용하기로 하였으며, 객실당 요금은 봉사료와 세금을 포함하여 160,000원에 제공하기로 하였다. 그리고 인솔자 김길수의 객실은 무료로 제공하기로 하였다.

객실과 공식적인 식사는 여행사에서 지불하고, 객실 내의 전화 및 미니바를 비롯하여 개인적인 부대시설 이용은 개별계산하기로 하였다. 단체식사는 7월 1일(수) 저녁 18:00시 진주(연회장) 룸에서 한정식 50,000원, 7월 2일(목)과 7월 3일(금) 각각 07:00시 커피숍에서 30,000원에 조식뷔페를 하기로 하였다. 식사요금에는 봉사료와 세금이 포함되어 있으며, 인솔자 김길수에게는 무료로 제공하기로 하였다. 7월 1일(수) 저녁 18:00시 진주(연회장) 룸에서 식사를 할 때 "환영 일본상공회의 일행(歡迎 日本商工會議所 一行)"이라는 현수막을 무료로 설치해 줄 것을 요구받았다.

2.5 초과예약 관리

초과예약의 의의

초과예약(over booking)이란 판매가능한 객실수보다 초과하여 예약을 받는 경우를 말한다. 초과예약은 당일 취소하는 고객과 노-쇼우(no-show) 고객을 대비한다는 점에서 운용상의 장점은 있으나 여유 객실이 없어 초과예약자를 수용하지 못하면 턴 어웨이 서비스(turnaway service)를 해 주어야 한다. 턴 어웨이 서비스(turnaway service)란 예약을 받아 놓고 당일 객실이 여유가 없어 배정을 하지 못한 고객에게 동급 수준의 다른 호텔에 객실을 구해주고 객실요금지불과 교통편까지 제공하는 것을 말한다. 이럴 경우 고객에게 사과는 물론 동의를 구해야 한다는 점에서 어려운 점이 따른다. 만약 기 예약된 객실보다 등급이 높은 객실이 여유가 있을 때는 그 룸으로 업그레이드(up grade)해 주어야 한다.

오버부킹의 반대개념은 언더부킹(under booking)인데 판매가능한 객실수 이하로 예약받는 것을 말한다. 여기서 유의해야 할 점은 오버부킹은 초과예약자에 대한 호텔의 비용이 발생된다는 점에서, 언더부킹은 판매할 수 있는 기회를 놓친다는 점에서 양쪽 다 문제가 있다는 것이다. 많은 호텔에서 객실예약 담당자는 초과예약에 대한 부담 때문에 언더부킹을 선호하고 있지만, 호텔경영자는 당일 가능한 객실을 모두 채워 주기를 바란다는 점에서 객실예약의 어려운 점이 있다.

초과예약의 기법

초과예약관리는 과거의 경험과 통계자료를 근거로 하고 있는데, 전형적인 산출방법은 취소율과 노-쇼우(no-show)율을 결정하고 그 비율만큼의 초과예약을 받는 것이다. 이를 OPR(Overbooking Percentage Rate)이라고 한다. No-show율을 계산하는 공식은 다음과 같다.

$$\text{no-show율} = \frac{\text{no-show 객실 수}}{\text{예약된 객실 수}} \times 100$$

예를 들어 300실을 가지고 있는 G호텔의 경우 당일 취소 및 노-쇼우(no-show)율이 과거 경험과 통계자료를 참고해 볼 때 7%로 예상이 된다면 결국 OPR은 7%이다. 그러나 아무리 과거 경험과 통계자료를 근거로 하여도 여러 가지 변수에 의하여 예상이 빗나갈 수 있으므로 다음과 같은 사항을 잘 고려하여 변동의 폭을 줄여야 한다.

- 예약 리스트상에 나타난 고객의 예약이 확정적 예약(definite reservation)인지 잠정적 예약(tentative reservation)인지를 추적해야 한다.
- 예약고객의 여행(숙박)목적의 유형을 파악한다. 대체적으로 출장 등의 비즈니스 고객들은 취소나 no-show율이 낮다.
- 기상예보를 관찰하여야 한다.
- 호텔이 위치한 지역에 특별행사가 있는지를 파악한다.

- 경쟁호텔의 예약상황과 2중 예약자가 없는지 체크한다.
- 워커인(walk-in) 고객의 빈도를 감안한다.
- 호텔 내에서 이루어지는 특별 이벤트나 연회행사를 파악한다.

2.6 인터넷 예약관리

최근 호텔예약은 고객이 실시간으로 온라인상에서 예약할 수 있도록 호텔 홈페이지에 창을 만들어 운용하고 있으므로 객실예약실에서는 인터넷 예약도 관리해야 한다. 일반적으로 호텔 인터넷예약 창은 고객이 직접 입력할 수 있으며, 다음과 같은 형식으로 되어 있다.

예약정보 입력

check-in	①	✓	②	✓	③	✓	④
check-out	①	✓	②	✓	③	✓	④
도착예정시간	⑤	✓	⑥	✓			
객실 수	⑦	✓					
침대 타입	⑧	✓					

예약 가능한 룸 확인

고객정보 입력

고객명	
E-mail	
전화번호	
휴대전화	
신용카드 번호	
특이사항	

예약 신청

① 클릭하여 해당 연도를 선택한다.

② 클릭하여 해당 월을 선택한다.

③ 클릭하여 해당 일을 선택한다.

④ 클릭하면 해당 월 캘린더가 뜨면서 예약 가능한 유무의 일이 나타난다.

⑤ 클릭하면 오전과 오후가 구분되어 있다.

⑥ 클릭하여 시간을 선택한다.

⑦ 클릭하여 원하는 객실 숫자를 선택한다.

⑧ 클릭하여 원하는 베드 형태를 선택한다.

3. 프런트 데스크 업무

3.1 프런트 데스크 업무의 개요

프런트 데스크(front desk)는 숙박고객의 체크인과 체크아웃을 담당하는 곳으로 고객과의 커뮤니케이션 창구이자 호텔의 심장이라고 할 수 있다. 프런트 데스크의 기본업무는 ① 고객의 등록(reception, registration), ② 안내(information), ③ 체크아웃 고객의 계산(cashier) 등으로 프런트 데스크도 3개의 영역으로 구분되어 있다.

프런트 데스크 전경

고객이 예약을 하고, 체크인하여 체크아웃할 때까지의 사이클과 그에 따른 프런트의 기능을 대비하여 그림으로 나타내면 다음과 같다.

[그림 4-4] 고객 사이클에 따른 프런트 오피스의 기능

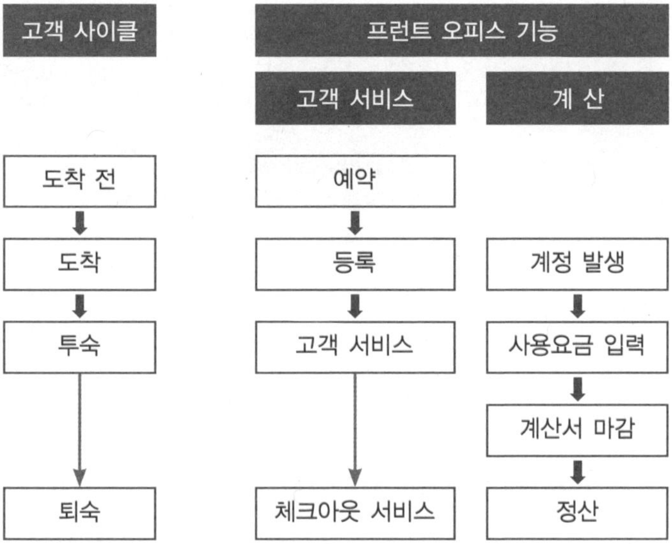

3.2 등록업무

프런트에서 등록업무를 담당하는 곳을 '레지스트레이션(registration)' 또는 고객을 맞이한다는 의미에서 '리셉션(reception)'이라고도 한다. 프런트 데스크에서 등록업무를 담당하는 직원을 '프런트 클럭(front clerk)' 또는 '룸 클럭(room clerk)'이라고 하며, 다음과 같은 구체적인 업무를 수행한다.

- 체크인 등 등록업무를 수행한다.
- 등록고객에게 객실배정을 한다.
- 당일 객실예약을 접수한다(예약실은 당일 예약을 접수하지 않는다).
- 당일 객실변경 및 취소 업무를 담당한다.

• 객실 열쇠관리를 한다.

• 객실고객과 관련하여 타 부서와의 업무연락을 취한다.

[그림 4-5] 체크인 처리 3단계

예약확인 → 숙박등록 카드 작성 → 객실배정 및 키(key) 제공

예약확인

고객이 프런트 데스크에 오면 가장 먼저 예약을 했는지를 물어보아야 한다. 예약고객일 경우 CRT(Computer Reservation Terminal)에 성명 또는 예약번호를 입력하여 예약사항을 확인한다. 만약 예약을 하지 않고, 당일 오신 워크인 게스트(walk-in guest)에게는 투숙가능 여부와 요금 등을 알려드리고 투숙을 원할 경우 숙박고객 카드를 작성하게 한다.

워크인 게스트에게 객실을 판매할 때는 ① 선택의 혼돈을 피하기 위하여 두 가지 이상의 객실을 제시하지 말고, ② 지불능력을 파악하여 객실을 추천한다. 특히 객실을 판매하는 룸 클럭은 불과 몇 분 동안에 호텔의 이미지를 팔아야 하고, 객실요금을 판매하는 것이 아니라 환대와 가치를 판매한다는 마음가짐이 필요하다.

[그림 4-6] 프런트 데스크의 객실정보 모니터

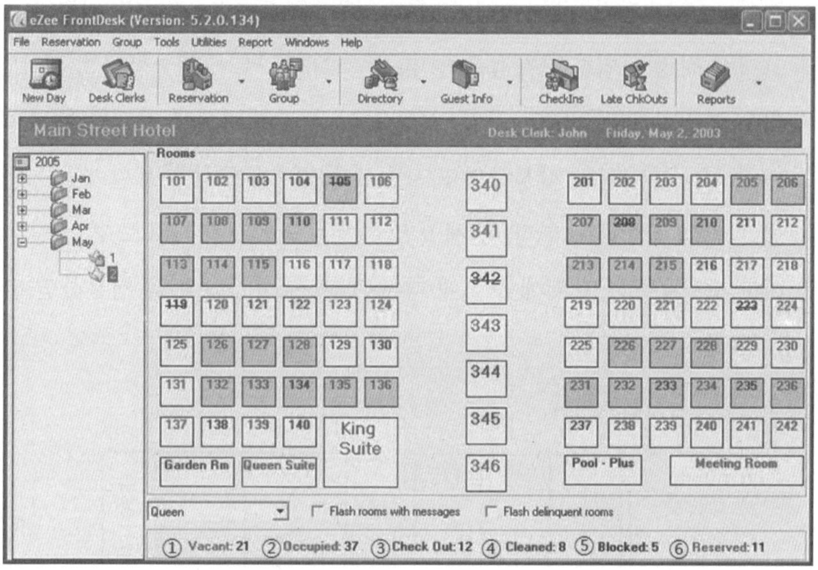

① Vacant : 빈 객실. 판매가 가능한 룸
② Occupied : 사용(투숙) 중인 룸
③ Check Out : 퇴숙(check out)한 룸
④ Cleaned : 청소가 완료된 룸
⑤ Blocked : 사용이 지정되어 있는 룸
⑥ Reserved : 예약이 된 룸

숙박등록카드 작성

숙박등록카드(registration card)의 작성 목적은 ① 객실이용에 관한 고객과의 계약 ② 안전 및 도난사고에 대비하기 위하여 ③ 고객관리 차원에서 ④ 각종 통계목적 ⑤ 스키퍼의 추적 등이다. 스키퍼(skipper)란 호텔에 투숙 후 계산을 하지 않고 퇴숙한 고객을 말한다. 일반적으로 호텔에서는 스키퍼를 사전에 방지하기 위하여 체크인할 때 예치금(deposit; depo.)이나 신용카드를 오픈하도록 요구하고 있다. 'deposit'은 예치금 외 선급금, 예약금의 의미로도 쓰인다.

숙박고객카드 내용에는 프런트 직원이 기입하는 난과 고객이 직접 기입하는 난으로 되어 있다. 프런트 직원이 기입할 내용은 작성날짜, 객실번호, 객실료, 체재기간, 출발예정일, 투숙인원, 일련번호, 취급자 서명 등이고 고객이 직접 기입하는 내용은 성명, 주소, 연락처, 주민등록번호(외국인의 경우 여권번호 및 국적), 직업, 서명 등이다. 숙박카드를 작성할 때 가족동반의 경우 한사람만 작성하면 되지만 객실을 2개 이상 사용할 때는 사용자별로 각각 작성해야 한다. 단체일 경우에는 인솔자가 대표로 한 장만 작성하고 숙박등록카드 뒤에 호실에 따른 명단(rooming list)을 첨부하면 된다.

[그림 4-7] 숙박등록카드

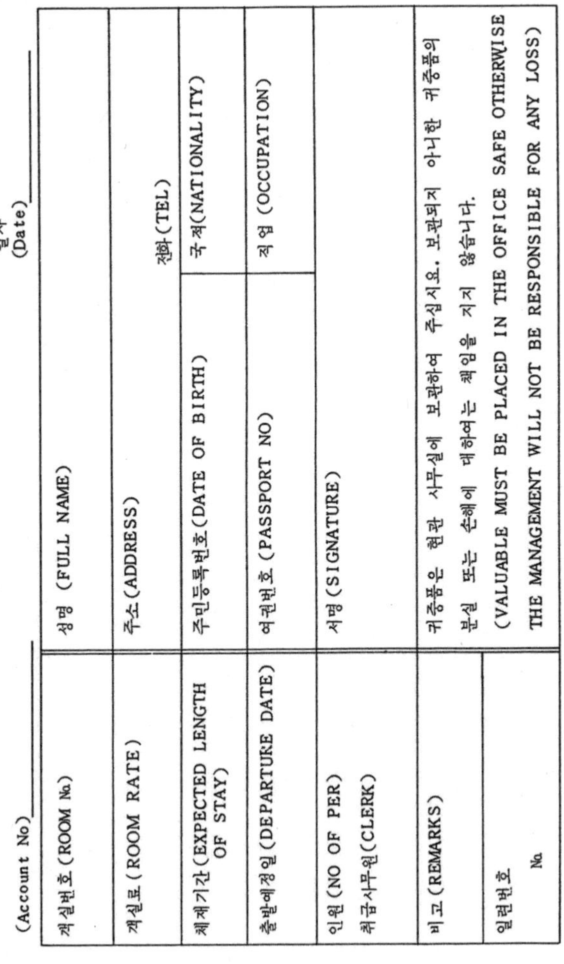

REGISTRATION

(Account No)______ 일자 (Date)______

객실번호(ROOM No)	성명 (FULL NAME)	
객실료(ROOM RATE)	주소(ADDRESS)	전화(TEL)
체재기간(EXPECTED LENGTH OF STAY)	주민등록번호(DATE OF BIRTH)	국적(NATIONALITY)
출발예정일(DEPARTURE DATE)	여권번호 (PASSPORT NO)	직업 (OCCUPATION)
인원(NO OF PER) 취급사무원(CLERK)	서명(SIGNATURE)	
비고(REMARKS)	귀중품은 현관 사무실에 보관하여 주십시오. 보관되지 아니한 귀중품의 분실 또는 손해에 대하여는 책임을 지지 않습니다. (VALUABLE MUST BE PLACED IN THE OFFICE SAFE OTHERWISE THE MANAGEMENT WILL NOT BE RESPONSIBLE FOR ANY LOSS)	
일련번호 No		

객실배정 및 키(key) 제공

개인고객의 경우 숙박카드 작성이 끝나면 고객이 예약 시 원했던 룸 타입 중에서 판매가 준비된 룸(vacant room)을 배정하고 키를 제공한다. 'vacant room'이란 청소가 완료되어 판매가 준비되어 있는 빈 객실을 말하며, 반대로 판매되어 고객이 기 투숙 중인 룸을 'occupied room'이라고 한다.

카드 키는 인코드(encoder)라는 시스템에 의하여 발행하는데, 인코더의 기능은 카드 키 신규 및 재발행, 추가발행, 발행카드 판독 등의 기능을 가지고 있다. 카드 키를 발행할 때는 카드 키 인코더에 카드를 넣거나 놓고, 컴퓨터 모니터에 호실, 체크인 시간과 체크아웃 시간 등을 입력한다.

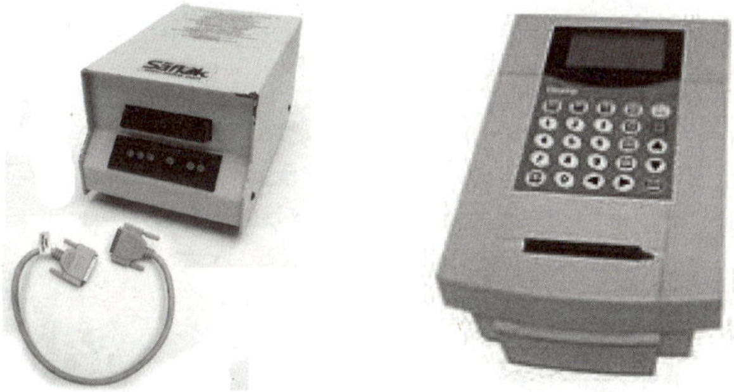

카드 키 인코더(card key encoder)

컴퓨터 모니터에서 카드에 정보를 입력하는 방법은 다음과 같다.

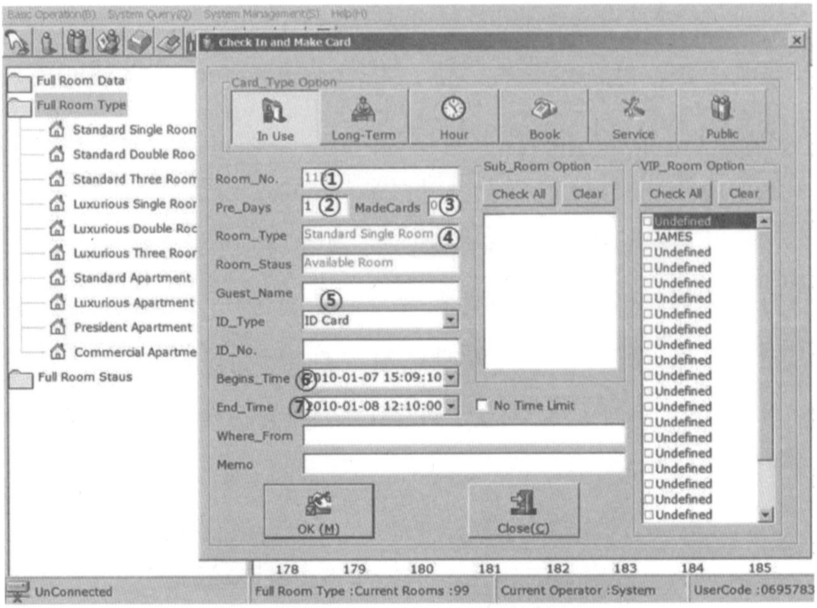

① 호실　　　　　　② 숙박일수　　　　③ 카드 발행 수
④ 객실타입　　　　⑤ 투숙객 명　　　　⑥ 체크인 일시(카드사용 시작 일시)
⑦ 체크아웃 일시(카드사용 만료 일시)

고객이 숙박등록카드를 적는 동안 객실을 배정하고 있는 모습. 프런트 직원 컴퓨터 모니터 오른쪽에 카드 키 인코더(card key encoder)가 보인다.

그리고 투숙객에게 카드 키를 제공할 때는 홀더(holder)에 넣어 제공하며, 홀더에 성명과 룸 넘버를 기입한다.

카드 키 홀더(card key holder)

단체고객의 경우는 많은 인원이 프런트 데스크 앞에 줄을 설 수 없으므로 로비 한 쪽에 마련된 별도의 그룹 데스크(group desk)를 활용한다. 즉 단체가 도착하기 전에 미리 객실배정표(room assignment)와 키를 준비하여 그룹 데스크 위에 비치해 두었다가 단체가 도착하면 프런트 직원이 인솔자와 함께 키를 배부한다.

3.3 안내업무

프런트 데스크에서의 안내(information) 업무는 ① 호텔 내부뿐만 아니라 주변의 교통, 관광지에 대한 안내도 담당하고, ② 객실고객에 전달된 메시지를 처리하며, ③ 편지 · 엽서 · 소포 처리 등의 우체국 업무도 담당한다. 프런트 데스크에서 안내 업무를 담당하는 직원을 인포메이션 클럭(information clerk)이라고 하고, 특히 우편물을 취급하는 직원을 메일 클럭(mail clerk)이라고 부르지만, 대부분의 호텔에서는 별도의 구분없이 룸 클럭이 이러한 업무를 겸직하는 경우가 많다. 안내 데스크에는 다음과 같은 인쇄물을 비치하여 고객의 편의를 도와야 한다.

- 호텔안내서
- 항공기를 비롯한 각종 교통수단의 시간표 및 요금
- 호텔이 소재하고 있는 지역의 지도
- 지역 축제 및 이벤트 등의 리플렛
- 기타 홍보용 리플렛

내부안내

고객들은 로비의 프런트에서 호텔 내부 시설의 위치에 대한 문의를 하는 경우가 많으므로 이에 대해서는 적절히 응대할 수 있어야 한다. 특히 외부 사람이 투숙객에게 방문을 요구할 때는 조심해야 하는데, 다음과 같은 사항에 유의해야 한다.

첫째, 외부에서 객실고객을 찾아 온 경우 객실고객에게 연락을 취하여 만날 의사를 확인한다.

둘째, 투숙객의 이름은 모르고 객실번호만 알고 방문한 자에게는 안내를 거절하는 것이 좋다.

셋째, 미도착고객에 대한 메시지는 예약카드에 첨부하여 체크인 시 전달한다.

넷째, 퇴숙을 한 고객의 연락처 등의 요청은 거절하는 것이 좋다.

외부안내

고객은 호텔 내부뿐만 아니라 호텔 외부에 대한 안내를 원하는 경우가 많으므로 사전에 자료준비와 지식을 습득하고 있어야 한다. 일반적인 호텔 외부 안내에 대한 내용으로는 다음과 같다.

- 항공기, 기차, 리무진버스, 순회관광버스 등의 스케줄 및 요금
- 주변 관광지에 대한 안내 및 이용 교통편

- 극장, 미술관, 예술회관, 쇼핑센터 등의 문화시설 이용
- 교회, 사찰 등 종교시설의 이용
- 시청 등 주요 관공서
- 나이트클럽 등의 유흥 및 오락시설 등이 있다.

메시지 전달업무

메시지 전달을 부탁하는 경우는 ① 외부에서 객실고객을 방문하러 왔다가 부재로 인하여 메시지를 남기는 경우, ② 전화로 투숙객을 찾는데 부재중이어서 메시지를 남기는 경우, ③ 도착예정 투숙객에게 메시지를 남기는 경우, ④ 투숙객이 부재중 방문객이 물품 등의 전달을 요구하는 경우 등의 경우에서 발생하므로 이를 적절히 처리한다.

우편물 취급업무

프런트 데스크에서 우편물 취급은 투숙고객이 발송 또는 수신하는 편지 · 엽서 · 전보 · 택배 등이 있다. 수신된 우편물은 즉시 고객에게 전달되어야 하며, 부재중일 때는 키와 함께 우편물을 보관해 두었다가 고객이 돌아오면 전달한다. 특히 전보나 속달과 같이 시간을 요하는 것은 도착시간을 증명하는 타임 스탬프(time stamp)를 찍어 즉시 전달해야 한다.

3.4 계산업무

프런트에서 퇴숙 고객의 키를 받고 계산업무를 담당하는 직원을 프런트 캐셔(front cashier)라고 하며, 주요 업무로는 ① 퇴숙 고객에 대한 요금 정산, ② 환전업무, ③ 귀중품 보관 등이다. 프런트 캐셔는 객실부의 프런트 데스크에서 근무하지만 소속은 경리부이다. 그러나 일부 호텔에서는 프런트 업무의 통합 차원에서 프런트 캐셔를 객실부 소속으로 하고, 룸 클

럭, 인포매이션 클럭의 업무를 함께 담당하게 하여 통합운영체계로 운용하는 호텔도 있다.

퇴숙고객에 대한 요금을 정산할 때는 객실요금은 물론 객실 내에서 사용한 전화뿐만 아니라 미니바(mini bar), 룸서비스, 레스토랑, 기타 부대시설 등을 이용하고 지불하지 않은 요금을 빠짐없이 정산해야 한다. 물론 객실요금 이외 호텔 내 각 업장에서 사용한 요금의 빌은 이미 고객이 룸 사인을 하였으며, 그 빌은 체크아웃 전에 프런트 캐셔에게 제출되어 있는 상태이다. 특히 요금을 정산할 때는 고객이 사전에 선수금(deposit)을 내었는지, 카드를 오픈해 놓았는지를 체크하여 실수가 없도록 해야 한다.

고객원장관리 및 정산

체크인에서부터 체크아웃할 때까지 고객의 모든 계산을 고객원장(folio) 하나로 관리하고 정산한다. 객실 이외 부대업장 등을 사용하고 현장에서 지불하지 않은 계산서는 룸 사인(room sign)을 통해 해당 업장으로부터 자동적으로 넘어오는데, 고객원장에 기록하고 고객용 원장 뒤에 해당 업장의 계산서를 첨부하여 영수 처리한다. 룸 사인을 통해 넘어오는 계산서는 다음과 같다.

- 각 식음료 업장에서 발생된 계산서
- 룸서비스 이용에 대한 계산서
- 전화요금 계산서
- 세탁이용에 대한 계산서
- 사우나 수영장 등 레포츠 시설이용에 대한 계산서
- 비즈니스 센터 이용에 대한 계산서
- 단체고객일 경우 연회장 사용에 대한 계산서

수표 및 카드 접수

수표는 여러 종류가 있는데, 수납할 수 있는 수표는 자기앞수표 및 여행자수표이며 가계수표, 당좌수표 등은 받아서는 안 된다. 수표를 받았을 때는 반드시 뒷면에 성명, 주민등록번호, 연락처 등의 이서를 받아 놓아야 한다. 신용카드는 제3의 화폐로 지불수단으로써 많이 활용하는데, 처리할 때의 주의사항은 유효기간, 한도금액, 본인의 것인지, 서명의 일치 여부 등을 확인한다.

후불처리

호텔에서는 원칙적으로 후불이 불가능하지만 사전에 여신계약을 한 경우에는 가능하며, 이를 후불처리원장(city ledger)에 기록하여 외상매출계정으로 처리해야 한다. 만약 여신계약이 되지 않은 개인, 기업체, 여행사 등이 후불을 원할 경우 여신지배인(credit manager)의 승인을 받아야 한다.

잡수입처리

호텔의 수입원으로 잡혔지만 특정한 계정과목이 없는 경우는 잡수입(miscellaneous or sundry)으로 처리한다. 잡수입 처리에 대한 증빙자료는 잡수입 바우처(miscellaneous voucher)를 사용한다. 호텔에서 발생되는 잡수입은 다음과 같다.

- 고객이 받아가지 않은 거스름돈
- 호텔 기물파손에 따른 변상
- 객실 키 분실에 대한 변상
- 객실에 식사가 포함된 쿠폰고객이 객실만 사용할 경우 남은 식사금액

봉사료처리

봉사료는 1979년 1월 1일 당시 교통부장관령에 의하여 판매금액에 대한 10%를 봉사료로 부과할 수 있도록 성문화되었으며, 발생 시 수입계정으로, 지급 시 급료계정으로 처리한다. 호텔에서 서비스되는 상품은 대부분 봉사료가 부과되지만 종업원의 직접적인 서비스 행위가 제공되지 않은 다음과 같은 경우에는 봉사료가 부과되지 않는다.

- 미니바 품목
- 세탁실 사용
- 사우나, 수영장 등의 레포츠 시설이용
- 임대 업장에서 판매되는 상품
- 호텔 외부업자로부터 공급된 품목

세금처리

호텔에서의 세금은 판매금액에 봉사료를 더하여 10%의 부가가치세(VAT : value added tax)가 부과된다. 그러나 외교관이나 주한 외국인의 경우 면세의 대상이므로 세금 10%가 부과되지 않는다. 이럴 경우 증명서류를 복사하는 등 근거를 남겨 놓아야 한다.

[예제 9]

E호텔의 객실요금은 200,000원이다. 고객의 입장에서는 얼마를 지불해야 하는가?

판매요금	200,000원
10%의 봉사료	+ 20,000원
소계	220,000원
10%의 세금	+ 22,000원
계	242,000원

상기 계산법 외 판매요금에 1.21을 곱하면 10%의 봉사료와 10%의 세금이 부과된 금액을 산출할 수 있다.

200,000원×1.21 = 242,000원

할인요금 처리

각종 상품에 대한 할인을 하였을 때는 할인내역서(allowance sheet)를 작성하여 증빙을 남긴다. 여기서 할인이란 정상적인 할인제도가 아니라 고객의 불평제기에 따른 부득이한 조치로 객실이나 식음료 요금의 조정, 객실 추가요금에 대한 조정, 불만족 서비스에 대한 요금조정 등을 들 수 있으며, 반드시 할인내역서를 작성하여 부서 책임자에게 승인을 받아야 한다. 그 외 정상적인 할인처리에 대한 구체적인 내용은 다음과 같다.

- 객실 또는 식음료 등의 할인쿠폰을 가져올 경우는 해당금액을 할인해 주고 호텔보관용 빌(bill) 뒤에 쿠폰을 첨부시킨다.
- 할인이 적용되는 유료회원카드 소지자, 헬스클럽회원 등에는 규정에 의한 할인을 해주고 계산서에 회원고유번호 및 서명을 받아서 증빙을 남긴다.
- 직원 할인은 객실과 제과 · 제빵을 판매하는 델리카테슨(delicatessen)에서 주로 이루어지는데 할인규정에 따라 적용하고 부서와 서명을 받아 영수처리 한다.

접대 빌 처리

영업 및 고객관리 차원에서 총지배인을 비롯한 간부사원이나 판촉직원들이 호텔 내에서 접대를 하게 되는 경우가 많은데, 이때 처리하는 빌은 일반 빌이 아닌 접대용 빌을 사용해야 한다. 이러한 접대 빌을 엔터테인먼트 체크(ENT : entertainment check) 또는 오피스 체크(officer' s check)라고 한다. 접대 빌은 판매금액(net price)의 1/2에 해당하는 금액만 포스팅하고 접대대상자와 접대목적 그리고 접대하는 호텔직원의 서명을 받아서 처리한다. 일정 금액 이상이면 사전에 총지배인 등의 승인서를 요하는 경우도 있으므로 접대처리에 대한 규정을 숙지하고 있어야 한다.

보이드 빌(void bill) 처리

보이드 빌(void bill)이란 무효화된 계산서로서 이러한 상황이 발생되는 경우는 ① 스키퍼(skipper)가 발생하였거나, ② 빌은 발생되었는데 고객이 주문사항을 취소하였거나, ③ 캐셔가 본의 아니게 실수를 하여 해당 빌을 취소시킬 때이다. 이럴 경우 보이드 빌에다 'VOID'라는 스탬프를 찍는다. 모든 빌은 일련번호로 되어 있기 때문에 보이드 빌일지라도 폐기처분하지 말고, 무효화된 사유를 적어 근거를 남긴 다음 담당 지배인의 확인 서명을 받아 경리부 사무실로 넘긴다.

VOID 스탬프

연습문제 호텔관련 종사원 자격시험 대비

1. 다음 설명 중 틀린 것은?

① Stayover 고객 – 장기투숙고객
② 노–쇼우 게스트(no–show guest) – 예약을 해놓고 당일 나타나지 않는 고객
③ 슬리퍼(sleeper) – 객실요금을 지불하고 객실을 사용하지 않은 고객
④ 워크인 게스트(walk–in guest) – 예약을 하지 않고 당일 온 고객

2. 프런트에서 체크인 처리 3단계의 순서가 옳은 것은?

① 예약확인 – 룸 배정 및 키 제공 – 숙박등록카드 작성
② 예약확인 – 숙박등록카드 작성 – 룸 배정 및 키 제공
③ 예약확인 – 룸 배정 및 키 제공 – 계산
④ 예약확인 – 계산 – 룸 배정 및 키 제공

3. 'vacant room'이란?

① 판매가 불가능한 룸
② 기 고객이 사용 중인 룸
③ 청소가 완료되어 판매가 준비되어 있는 룸
④ 단체에서 블록을 해 놓은 룸

4. 초과예약은 어떤 고객을 예상하여 받는가?

① no–show guest ② skipper
③ sleeper ④ walk–in guest

5. 초과예약자에 대한 turnaway service의 올바른 방법이 아닌 것은?

① 동급 수준의 호텔에 객실을 구해준다.
② 타 호텔에 연결 시 교통편까지 제공한다.
③ 예약객실보다 등급이 높은 객실의 여유가 있다면 up grade해 준다.
④ 다음번에 오라고 무료객실쿠폰을 준다.

6. 프런트에서 편지 · 엽서 · 소포 처리 등의 우체국 업무를 담당하는 곳은

① Cashier ② Registration
③ Reception ④ Information

7. 호텔에 투숙 후 계산을 하지 않고 퇴숙한 고객을 무엇이라고 하는가?

① 슬리퍼(sleeper)
② 노-쇼우 게스트(no-show guest)
③ 워커인 게스트(walk-in guest)
④ 스키퍼(skipper)

8. 체크인할 때 스키퍼(skipper)를 방지하기 위한 노력이 아닌 것은?

① 선수금(deposit)을 받는다 ② 카드를 오픈하도록 유도한다
③ 숙박등록카드를 작성한다 ④ 신분증을 확보해 놓는다

9. 다음 용어의 설명 중 잘못된 것은?

① city ledger – 후불처리원장 ② void bill – 접대 빌
③ miscellaneous – 잡수입 ④ deposit – 선급금

10. 다음 중 봉사료가 부과되는 경우는?

① 식음료 룸서비스
② 미니바 품목
③ 사우나, 수영장 등의 레포츠 시설이용
④ 임대 업장에서 판매되는 상품

11. 호텔에서 잡수입으로 처리하지 않는 것은?

① 팁 ② 고객이 받아가지 않은 거스름돈
③ 호텔 기물파손에 따른 변상 ④ 객실 키 분실에 대한 변상

12. 우리나라의 경우 객실요금이 300,000원일 때 봉사료와 세금을 부과하면 얼마인가?

① 330,000원 ② 360,000원
③ 362,000원 ④ 366,000원

13. 숙박등록카드(registration card)의 작성 목적이 아닌 것은?

① 스키퍼(skipper)의 추척 ② 안전 및 도난사고에 대비
③ 고객관리 차원 ④ 범법자 확인

14. 10%의 세금이 부과되지 않는 경우는?

① 호텔직원이 델리카테슨에서 빵을 구입하였을 때
② 외교관이나 주한 외국인이 객실을 사용하였을 때
③ 미니바의 품목
④ 식음료 룸서비스

제5장

객실영업 부서의 실무

- 유니폼 서비스

Front Office & Housekeeping

제5장

객실영업부서의 실무 - 유니폼 서비스

1. 유니폼 서비스 업무 개요

1.1 유니폼 서비스의 의의

유니폼 서비스(uniformed service)란 호텔출입구 및 로비에서 고객을 영접하는 서비스로서 벨맨, 도어맨, 포터, 컨시어지 등이 담당하고 있다. 이들의 유니폼은 호텔 내 타부서와 달리 모자를 쓰는 등 독특한 차림을 하고 있다는 점에서 이들의 서비스를 '유니폼 서비스(uniformed service)'라고 한다. 유니폼 서비스는 크게 벨 데스크(bell desk), 도어 데스크(door desk)로 되어 있으며, 일반적으로 프런트 지배인하에 벨 캡틴(bell captain)이 전체 업무를 관장하고 있다.

현관로비는 호텔의 첫 이미지로서 항상 깨끗함을 유지해야 하고 정리정돈이 잘 되어 있어야 한다. 따라서 유니폼 서비스를 담당하는 직원은 다음과 같은 업무를 공통적으로 수행하고 있다.

- 재떨이는 청소원이 수시로 하지만 항상 체크해야 한다.
- 현관 유리문을 청소한다.

- 로비에 있는 소파 등의 의자를 청소 및 정리정돈을 한다.
- 로비에 있는 천장 및 스탠드 전구를 수시로 점검한다.
- 호텔 내의 공중전화를 점검하여 전화기, 전화번호부, 메모지 등을 정리정돈한다.
- 팸플릿 등의 홍보물 비치대를 점검하여 정리정돈은 물론 부족한 홍보물은 채워야 한다.
- 회전문 및 자동문을 관리한다. 특히 어린이의 출입 시 유의해야 한다.
- 우천 시 고객의 우산을 우산보관대에 꽂거나 비닐커버를 제공한다.

1.2 유니폼 서비스 첫인상의 중요성

호텔출입구 및 로비에서 고객을 영접하는 벨맨, 도어맨, 포터, 컨시어지 등은 고객을 첫 대면한다는 점에서 호텔의 첫인상이라고 할 수 있다. 첫인상이 중요한 이유를 심리학적 측면에서 고찰해보면 일종의 지각적 오류 현상 이론에서 찾을 수 있다. 이 이론에 의하면 사람들은 한번 판단을 내리면 상황이 달라져도 그 판단을 지속하려는 욕구를 가지고 있다는 것이다. 이를 초두효과(primacy effect) 또는 후광효과(halo effect)라고 한다. 초두효과(primacy effect)란 먼저 들어온 정보가 나중에 들어온 정보보다 강력한 영향을 미치는 것을 말하며, 후광효과(halo effect)란 어떤 대상을 평가할 때 그 대상의 어느 한 측면의 특질이 다른 특질들에까지도 영향을 미치는 일. 예를 들어 인물을 평가할 때 그 사람의 외모에서 좋은 인상을 받았을 경우 그 사람의 지능이나 성격 등도 좋게 평가하는 일 따위를 말한다.

현관서비스에서 고객의 첫인상이 구겨지면 좀처럼 만회하기 힘들며, 투숙기간 내내 고객접점에서 불평을 제기할 가능성이 많다. 또한 체크아웃 후에도 잠재고객에게 부정적 구전을 전파할 가능성이 많다. 그러므로 현관서비스를 담당하는 직원은 첫인상관리에 노력을 기울여야 한다. 첫인상의 결정은 첫눈에 들어오는 용모, 표정, 말투 등 극히 제한된 정보에 의해서 형성된다. 따라서 세련된 용모, 자세, 안내, 인사, 미소와 표정, 대화, 경어 사용 등을 통해서 고객의 첫인상을 사로잡아야 할 것이다.

2. 벨맨 업무

2.1 벨맨의 의의

벨 서비스(bell service)를 담당하는 직원을 벨맨이라고 부른다. '벨맨(bell man)'이라는 용어는 프런트 데스크 직원이 등록이 끝난 고객에게 짐을 들고 객실로 안내하도록 벨맨을 부를 때 프런트 데스크 위에 있는 벨을 쳐 신호를 알린데서 유래되었다. 벨맨(bell man)은 초기에 벨 보이(bell boy)라고 불렀으나 직업에 대한 의식전환의 차원에서 밸맨으로 바뀌었고, 나아가 여성평등 차원에서 벨 어텐던트(bell attendant) 또는 벨 스탭(bell staff)이라는 용어로 사용하기도 한다. 최근에는 여성도 벨맨과 룸서비스의 직무를 담당하는 추세이지만 심야에는 근무하지 않는다. 벨맨의 주요 업무는 다음과 같다.

- 고객의 수하물 운반 서비스
- 객실 내에서 시설이용에 대한 안내 서비스
- 메시지 전달 및 심부름
- 수하물 보관 등
- 룸쇼(Room show) 서비스

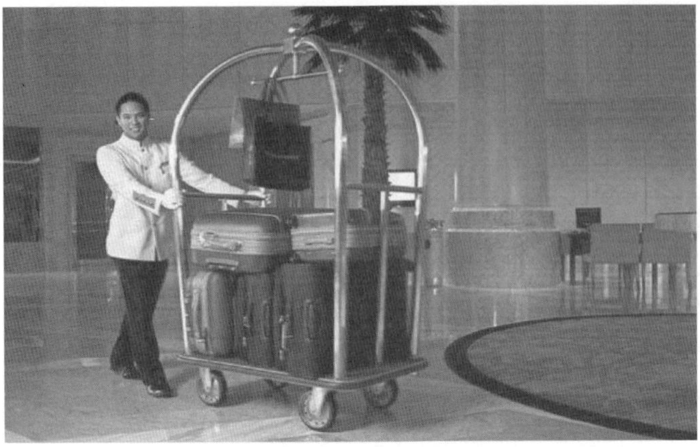

벨맨의 수하물 운반 서비스

2.2 벨맨의 대기 자세

대기 자세는 고객을 맞이하거나 고객의 어떠한 요구사항에 대하여 즉각 대응하여 서비스를 해주기 위한 준비 자세를 말한다. 고객이 요구하기 전에 먼저 알아서 해주는 서비스가 최상이다. 이러한 서비스를 위하여 대기자세가 필요한 것이다. 벨맨은 벨 데스크나 프런트 데스크 앞 그리고 로비 등에서 고객접객을 위하여 대기를 하는 경우가 많은데, 대기 자세는 다음과 같다.

- 벨맨 간 2명 이상이 모여 사담을 나누어서는 안 된다.
- 기침, 재채기, 코웃음 등 큰 소리를 내어서는 안 되며, 하품도 금물이다.
- 벽, 기둥 등에 기대서는 안 된다.
- 대기의 위치는 프런트와 로비 전체를 볼 수 있는 곳이어야 하고, 고객에게 등을 보여서는 안 된다.
- 고객의 복장이나 갖고 있는 물건을 아래위로 쳐다본다거나 곁눈질해서는 안 된다.
- 고객을 손가락으로 가리켜서는 안 된다.

• 뒷짐을 지거나 팔짱을 껴서는 안 된다.

• 발을 떨지 않는다.

2.3 수하물 운반 서비스

프런트에서 고객의 등록이 끝나면 고객의 가방이나 짐을 가지고 엘리베이터를 이용하여 객실로 이동한다. 엘리베이터에서의 서비스는 고객이 1~2명일 경우 고객이 먼저 타고 내리도록 하고, 고객이 다수일 때는 엘리베이터에 먼저 타서 문을 홀드를 해주어야 한다. 객실 앞에 도착하면 객실 번호를 확인하고 노크를 한 다음 키로 문을 열고 고객의 수하물을 받침대(baggage stand)에 놓아둔다. 고객이 체크아웃할 때 수하물운반에 대한 요청이 있다면 객실에 방문하여 서비스를 한다.

[그림 5-1] **객실 내 수하물 받침대**

2.4 객실 내 시설안내

객실 내에서 시설에 대한 안내할 내용으로는 ① 조명시설, ② 냉난방조절, ③ 유료(pay) TV, ④ 전화 사용, ⑤ 욕실 사용, ⑥ 미니바 사용, ⑦ 객실 내에서 귀중품을 보관하는 개인금고 형태의 'safety box' 등이 있다. 일반적으로 벨맨이 객실 내 시설에 대하여 세세하게 설명하지 않고 위치 정도만 설명하지만, 고객이 요구할 시 자세히 설명한다.

특히 안내를 할 때는 밝은 표정으로 상냥한 말을 곁들인다. 시선은 먼저 고객의 눈을 본 다음 가리키는 방향을 보고 다시 상대방의 눈을 본다. 방향을 가리킬 때 손가락을 모으고 손목이 꺾이지 않아야 하며, 턱이나 발로 방향을 가리켜서는 안 된다. 오른쪽을 가리킬 때는 오른손을, 왼쪽을 가리킬 때는 왼손을 사용한다.

[그림 5-2] **방향을 안내할 때**

(X) (O)

2.5 메시지 전달 및 심부름

벨맨은 프런트 데스크로부터 받은 각종 고객 전달용 메시지나 물품을 전달하거나 객실고객으로부터 요청받은 각종 심부름을 수행한다. 단 객실 내에서 식사 및 음료 등의 요청은 식음료부 룸서비스(room service) 업무이다. 고객이 만약 객실 열쇠를 룸에 두거나 분실하였을 경우 마스터키(master key)를 가지고 객실 문을 열어 준다. 마스터키는 해당 층의 객실을 모두 열 수 있는 것과 호텔 전 객실을 열 수 있는 것이 있으며, 마스터키를 분실하면 큰 낭패를 초래할 수 있으므로 반드시 프런트 데스크에서 불출할 때는 불출대장에 날짜, 시간, 불출자를 기입해야 하며, 반납을 할 때도 시간과 서명을 기입해야 한다. 그리고 마스터키를 가지고 갈 때는 반드시 목에 걸도록 하고 있다.

2.6 수하물 보관

수하물을 보관하는 장소를 클럭 룸(cloak room) 또는 체크 룸(check room)이라고 한다. 객실로 가져가기 힘든 골프채, 낚시대, 부피가 큰 수하물 등은 벨맨이 이를 받아 클럭 룸에 보관하고 관리한다. 이때 수하물 보관증을 작성하여 1매는 고객(고객용)에게, 1매는 고객의 수하물에 부착한다. 결국 고객용은 나중에 자신의 수하물을 찾으러 오면 교환권이 되는 것이다.

단체객실 투숙고객들의 경우 호텔에 도착하여 곧 바로 체크인하지 않거나, 체크아웃 후 조식을 먹고 출발하고자 할 때는 소지하고 있는 수하물을 로비의 한쪽에 모두 보관하는 경우가 많다. 이때는 수하물 위에 망(baggage net)을 덮어씌워 도난을 방지해야 한다.

[그림 5-2] 수하물 보관증

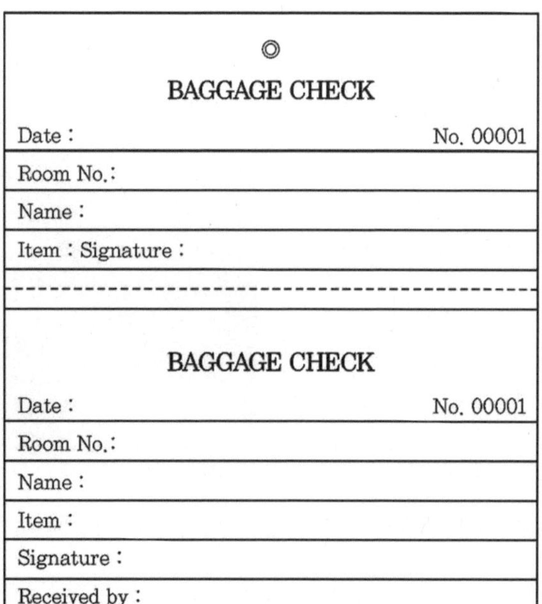

BAGGAGE CHECK

Date : No. 00001

Room No.:

Name :

Item : Signature :

BAGGAGE CHECK

Date : No. 00001

Room No.:

Name :

Item :

Signature :

Received by :

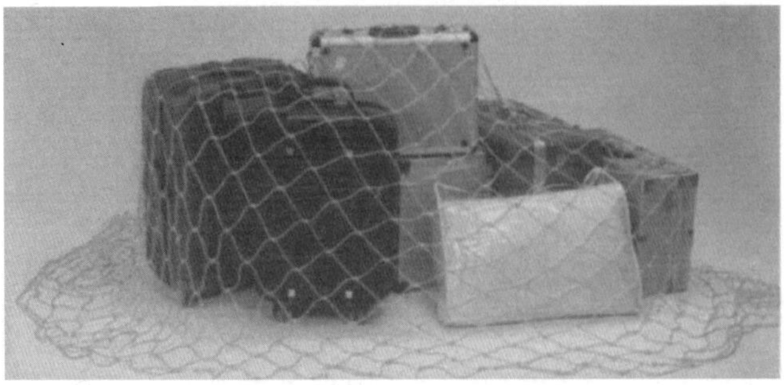

수하물 보관 네트(baggage net)

2.7 룸쇼(Room show)

룸쇼(Room show)란 개별고객 또는 단체예약을 위한 답사자가 사전에 원하는 룸을 보여 달라고 할 때 벨맨이 프런트로부터 해당 객실의 키를 받아 안내하는 것을 말한다. 이때 고객의 선택이 결정적으로 작용한다는 점에서 최선을 다하여 친절하게 설명할 수 있어야 한다.

3. 도어맨/컨시어지/GRO 업무

3.1 도어맨 업무

도어맨(door man)은 호텔의 출입문 주변에서 고객의 영접 및 환송을 하는 직원을 말한다. 도어맨은 호텔의 상징적 직원으로서 특수한 모자와 복장을 하고 근무하고 있다. 그리고 포터(porter)는 공항, 역 등을 통해서 호텔로 들어오는 고객을 위해 그곳까지 가서 고객의 짐을 운반하고 안내하는 것이 주 업무이다. 평상시에는 도어맨과 벨맨의 업무를 협조한다. 많은 호텔에서는 도어맨과 벨맨이 포터 업무를 겸하기도 한다. 도어맨의 주요 업무는 다음과 같다.

- 제 차량의 유도 및 주정차 관리를 한다.
- 출입하는 고객을 영접하고, 수하물을 소지한 고객의 경우 벨맨에게 안내한다.
- 영업용 택시 호출 및 수배업무를 한다.
- 고객이 직접 몰고 온 차량에 대하여 주차장까지 발렛 서비스(valet service)를 한다.
- 호텔 입구에서 승하차하는 고객을 돕는다.
- 고객의 승하차 시 소지품, 수하물 등의 분실이나 파손이 없도록 도와준다.
- 입구의 회전문, 자동문을 관리한다.
- VIP 차량을 관리한다.
- 국기 게양대의 국기를 관리한다.

VIP 차량관리

VIP 차량이 호텔에 도착예정일 때는 사전에 출입구 주변 지정주차장에 로프 스탠션(rope stanchion)을 설치하여 다른 차량이 주차하지 못하도록 한다. VIP 차량이 도착하면 출입구에서 차량의 문을 열어주고 차는 지정된 주차구역에 주차하도록 유도한다.

로프 스탠션(rope stanchion)

국기게양 관리

국기를 게양하는 원칙은 다음과 같다.

- 경축일 및 평일은 깃봉과 깃 면 사이를 띄우지 않는다.
- 조의를 표하는 현충일, 국장기간 등의 날에는 깃봉과 깃면 사이를 깃면 너비만큼 내려서 달아야 한다.
- 경축행사 등의 경우에 국기 깃 면을 늘여서 다는 경우가 있는데 그땐 좌측 상단에 이(離)괘가 오도록 하고 아래 깃 면의 흰 부분만 길게 늘여서 게양하고 늘이는 부분의 길이는 필요에 따라서 조절할 수 있다.
- 게양시간 오전 7시~오후 6시이다.

[그림 5-4] 국경일과 조의를 표하는 날의 국기게양

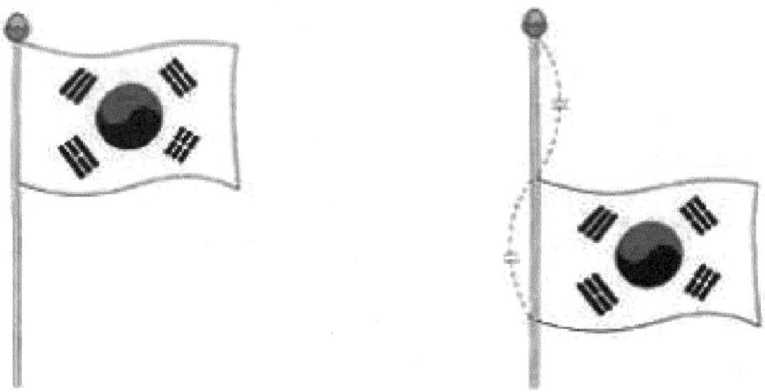

국경일 · 평일　　조의를 표하는 날

태극기와 외국기를 같이 게양할 때는 우리나라를 승인한 나라의 국기에 한하여 게양하는 것이 원칙이다. 단, 국제회의 또는 체육대회 등에 있어서는 우리나라를 승인하지 아니한 나라의 국기를 게양할 수 있다. 태극기를 게양하지 않은 채 외국기만을 게양해서는 안 되며, 하나의 깃대에 2개국의 국기를 게양할 수 없다. 태극기와 외국기를 함께 게양하는 경우 그 크기 및 높이는 같아야 하며, 게양하는 기의 수가 홀수인 경우는 태극기가 중앙에, 짝수인 경우에는 가장 왼쪽에 위치하도록 한다.

[그림 5-5] 국기의 수에 따른 게양 원칙

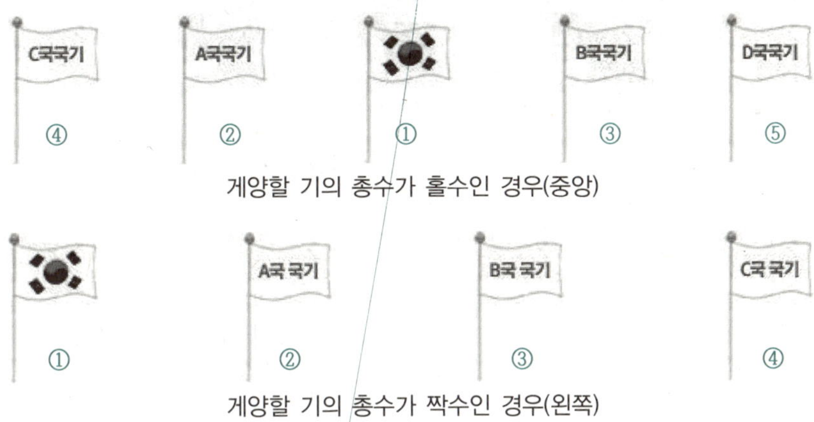

3.2 컨시어지 업무

컨시어지의 의의

컨시어지(concierge)란 사전적 의미로는 문지기(doorkeeper), 수위, 집사, 관리인이란 뜻이다. 그 유래는 중세시대 성에서 열쇠를 지키는 사람을 컨시어지라고 하였고, 프랑스의 한 교도소에서 감방열쇠를 지키고, 수감자를 담당하는 사람을 컨시어지라고 부른데서 찾을 수 있다. 이후 서양의 몇몇 소설 속에 개인비서 또는 마무리해 주는 사람으로 묘사되었으며, 1983년 미국의 호텔업계에서 고객을 유치하기 위한 경쟁의 일환으로 호텔 내 컨시어지 직무를 도입하여 그 명칭을 사용하면서 널리 보급되었다. 대규모 호텔에서는 적극적이고 신속한 고객만족 서비스를 위하여 고객이 찾기 쉽도록 로비의 프런트 데스크 근처에 별도의 컨시어지 데스크(concierge desk)를 설치하여 운영하고 있다.

1998년부터는 세계컨시어지협회가 창설되어 이를 전문 직종으로 간주하여 일정한 자격을 부여하도록 제도화하였을 뿐만 아니라 백화점 · 항공사 등을 비롯한 타 서비스업체에서도 채택되고 있는 추세이다.

컨시어지 업무

컨시어지의 구체적인 업무를 살펴보면 다음과 같다.

- 공항에서 영접 및 환송 서비스
- 리무진 서비스
- 벨맨 및 포터 서비스
- 항공권 예약 및 변경 서비스
- 시내 관광 안내
- 시내 식당, 공연, 엔터테인먼트 예약 서비스
- VIP 접객 서비스

결국 컨시어지(concierge)는 호텔의 현관에서 고객의 영송에서 환송까지 그리고 전반적인 안내를 담당하는 직원으로서 대고객에게 토털 서비스(total service)를 수행한다고 할 수 있으며, 과장해서 표현하면 법적 · 도덕적 테두리를 벗어나지 않는 범위 내에서 고객을 위해 모든 것을 수행한다고 할 수 있다. 주요 체인호텔의 직무 기술서에 나오는 컨시어지 서비스의 기본정신은 "고객이 기대하는 것 이상으로 양질의 서비스를 제공하는 것"으로 되어 있다.

사례 ▶ 컨시어지 서비스

친구와 함께 한국 여행을 계획한 일본인 구리모토 가나코. 대학로 뮤지컬 '렌트' 관람을 여행 목표 1순위로 잡았다. 출국 전 알아보니 주말 공연은 이미 한 달 전 예약이 끝난 상태. 발만 동동 구르던 그녀는 혹시나 하는 맘에 이전에 묵었던 그랜드 인터컨티넨탈 호텔에 SOS를 쳤다. 이틀 뒤. 인터컨티넨탈 호텔에 도착한 구리모토에게 봉투 한 장이 전해졌다. 주말 공연표 2장과 대학로 약도, 공연장 찾아가는 법을 상세히 적은 편지가 들어 있었다. 감격한 그녀는 체면도 잊고 로비에서 펑펑 울음을 터뜨렸다. 여행을 망칠 뻔한 구리모토를 구해준 '해결사'는 이 호텔 ○○○ 컨시어지였다.

※ 자료 ; 중앙선데이

3.3 GRO 업무

GRO 업무의 개요

GRO(guest relation officer)란 VIP고객이 체크인과 체크아웃할 때 전담하여 서비스하는 접객원을 말한다. 호텔 간 경쟁이 심화될수록 GRO의 역할이 중요해지고 있다. 즉 VIP고객은 호텔에서의 지출이 타 일반고객보다 매우 높기 때문이며, 이들을 소홀히 관리하면 경쟁호텔로 전환행동을 할 수 있기 때문이다. 따라서 GRO는 고객관계관리를 수행하는 직원이라고 할 수 있다. 고객관계관리(CRM : customer relationship mana- gement)란 선별된 고객 즉 우수고객으로부터 지속적인 수익창출을 유도하고 장기적으로 고객관계를 가능하도록 관리하는 것인데, 결국 고객과 관련된 기업의 내 · 외부 자료를 분석하고 통합하여 각 고객 특성에 기초한 마케팅 활동을 계획하고 지원하는 과정을 말한다. 이른바 고객맞춤식 서비스를 제공하는 것이다.

이러한 측면에서 컨시어지와 GRO의 업무는 유사한데, 컨시어지가 불특정 다수의 고객을 상대로 로비에서 주로 서비스한다면, GRO는 VIP 고객을 상대로 로비에서부터 귀빈층 라운지까지 밀착하여 원스톱 서비스(one stop service)를 한다고 할 수 있다. 따라서 GRO는 VIP의 이력을 통하여 기호나 욕구를 파악하고 있어야 하며, 주요 업무는 다음과 같다.

- 귀빈의 체크인을 도와주고 필요한 경우 객실에서 등록을 받는다.
- 호텔내 · 외부의 안내사항에 대하여 충분한 정보와 지식을 가지고 안내 및 상담을 한다.
- 고객을 영접하고 환송한다.
- 귀빈층 라운지 업무를 담당한다.

귀빈층(EFL : Executive Floor) 업무

도심지 호텔의 경우 비즈니스 고객의 증가에 따라 귀빈층의 수요가 증가하고 있다. 귀빈층(EFL : Executive Floor)이란 상용고객을 위한 전용객실층으로서 이 층의 객실(executive room)은 보통 객실보다 고급스럽고, 컴퓨터 및 인터넷 서비스 등 비즈니스 업무를 위한 시설이 갖추어져 있으며, 또한 전용 라운지, 소회의실 등의 편의시설이 갖추어져 있다. 이 층의 객실에 투숙한 고객은 다양한 혜택을 받으며, 객실영업 소속의 전담 직원이 배치되어 비즈니스를 위한 비서업무 및 차별화된 서비스를 제공받을 수 있다.

특히 일반객실에 비해 고가로 책정된 귀빈층은 호텔 측면에서 평균 객실가를 올리는 주요 상품일 뿐만 아니라 재방문고객이 많기 때문에 객실점유율을 높여주는 등 안정적인 객실 운영을 할 수 있다는 장점이 있다. 따라서 도심지의 비즈니스호텔 간에는 귀빈층을 경쟁적으로 관리하고 있는 실정이다. 귀빈층에는 전용 라운지를 운영하고 있는데, 그 업무는 GRO가 맡으며, 주요 업무는 다음과 같다.

- 신문 및 비즈니스 관련 잡지 관리
- 라운지 내 커피, 티, 음료, 쿠키 제공 관리
- 회의실 사용 및 비즈니스 도구 관리
- 기타 비서업무 수행

귀빈층에 대한 명칭은 일반적으로 '이그젝큐티브 플로어(Executive Floor)'라고 하지만, 호텔에 따라서 고유의 명칭을 사용하기도 한다. 예를 들면 하얏트(Hyatt) 호텔의 경우 'Hyatt Regency Club'이라고 한다. 귀빈층은 일반적으로 호텔의 높은 층에 위치하고 있으며, 호텔 속의 호텔이라고 불리고 있다. 귀빈층의 혜택내용은 호텔마다 차이가 있지만 대부분 다음과 같은 특전을 제공하고 있다.

- 귀빈층 라운지 사용
- 조식 제공
- 오후 해피아워(happy hour) 시간에 칵테일, 음료, 스낵류 제공
- 커피, 티, 음료, 쿠키 제공
- 각종 신문 및 시사잡지 무료 이용
- 신속한 체크인, 체크아웃 서비스
- 체크아웃 시간 연장
- 라운지 내 소회의실 사용
- 컴퓨터 등 각종 사무기기 사용
- 항공 및 호텔예약 서비스

귀빈층 라운지의 전경

연습문제 호텔관련 종사원 자격시험 대비

1. 현관 서비스에 근무하지 않는 사람은?

① 벨맨 ② 도어맨
③ 컨시어지 ④ 예약실 클럭

2. 벨맨의 업무가 아닌 것은?

① 고객의 수하물 운반 서비스
② 메시지 전달 및 심부름
③ 식음료 룸 서비스
④ 객실 내에서 시설이용에 대한 안내 서비스

3. 도어맨의 업무가 아닌 것은?

① 제 차량의 유도 및 주정차 관리를 한다.
② 영업용 택시 호출 및 수배업무를 한다.
③ 국기 게양대의 국기를 관리한다.
④ 체크인이 끝난 고객을 객실로 안내한다.

4. 고객이 직접 몰고 온 차량에 대하여 도어맨이 주차장까지 대신 운전하여 서비스해 주는 것을 무엇이라고 하는가?

① 페이징 서비스(paging service)
② 턴다운 서비스(Turn down service)
③ 턴 어웨이 서비스(Turn away service)
④ 발렛 서비스(valet service)

5. 호텔의 현관에서 대고객에게 일종의 토털 서비스(total service)를 수행하는 전문 요원을 무엇이라고 하는가?

① concierge ② porter
③ duty manager ④ operator

6. VIP고객이 체크인과 체크아웃할 때 전담하여 서비스하는 접객원을 무엇이라고 하는가?

① GRO(guest relation officer) ② concierge
③ duty manager ④ room clerk

7. 다음 중 가장 관련이 없는 것 하나는?

① 귀빈층(EFL : Executive Floor) ② 비즈니스 호텔
③ GRO ④ 여행사 단체고객

제6장

객실영업 부서의 실무

– 기타

Front Office & Housekeeping

제6장

객실영업부서의 실무 - 기타

1. 나이트 클럭 업무

1.1 야간 프런트 업무

나이트 클럭(night clerk)은 야간에 프런트 업무를 담당하면서 객실영업 보고서를 작성하는 것이 주 업무이다. 프런트는 특성상 하루 24시간 운용되고 있으며, 프런트에서 야간 근무는 밤 10시부터 익일 오전 7시까지이고, 대부분의 호텔에서는 나이트 클럭의 업무를 야간에 근무하는 프런트 룸 클럭이 담당하고 있다. 야간 프런트 업무의 주 내용은 다음과 같다.

- 야간에 도착하는 고객의 체크인 업무를 한다.
- 키를 꽂아 보관하는 키랙(key rack)에 남아 있는 키와 객실현황판을 대조하여 객실 키를 점검한다.
- 미도착고객 파악 및 처리를 한다. 즉 미도착고객에게 연락을 취하여 도착여부를 확인하고, 도착이 불투명할 경우 노-쇼우(no-show) 처리한다.
- 야간에 수신된 우편물이나 메시지를 처리한다.
- 업무일지(log book)를 작성한다.

- 익일 도착예정고객의 등록카드, 익일 출발예정고객의 명단, 야간에 발생한 고객의 각종 요구사항 및 특기 사항 등을 정리하고 다음 근무자에게 인수인계한다.
- 전날의 객실영업을 결산하고 각종 보고서를 출력하여 관련 부서에 배부한다.

키랙(key rack). 오늘날 카드 키의 보편화 추세에 따라 전통적인 키랙은 거의 사라지고 있다.

1.2 객실영업보고서 작성

객실영업보고서의 종류

객실영업보고서는 일일보고서(daily report), 월말보고서(monthly report), 연말보고서(annual report)로 구분하는데, 일일보고서의 종류는 다음 표와 같다.

[표 6-1] 일일보고서의 종류

보고서 종류	내 용
일일 룸 리포트 (Daily room report)	당일, 월간 누계, 연간 누계 등의 객실매출액, 객실판매 수, 평균요금, 객실점유율 등 객실영업 상황 전반을 한 장에 볼 수 있도록 만든 리포트
일일 그룹 리포트 (group report)	당일 여행사 등의 단체 판매현황 리포트
예상 리포트 (forecast report)	당일 이후의 주간, 월간 예약상황을 매일 업데이트(up date)한 리포트
VIP 리스트	당일 VIP 고객의 명단 및 단체
경쟁사 객실영업상황 리포트(competitor's analysis report)	매일 아침 경쟁사와 연락을 취하여 전날의 객실영업상황을 비교 분석한 리포트

객실영업의 산출

객실영업에 대한 결과 즉 객실매출액, 객실판매 수, 객실평균요금, 객실점유율 등을 산출하는 것을 말한다. 산출하는 방법은 다음과 같다.

- **객실매출액(revenue)** 당일 판매된 객실요금을 집계하여 산출한다.
- **객실판 매수** 당일 판매된 객실 수를 집계하여 산출한다.
- **객실평균요금(average rate)** 객실매출액을 객실판매 수로 나누어 산출한다.

$$\text{객실평균요금} = \frac{\text{객실매출액}}{\text{객실판매 수}}$$

- **객실점유율(occupancy)** 객실점유율은 객실 영업상황을 판단하는 지표로서 객실판매 수를 보유하고 있는 객실 수로 나누고 100을 곱하여 산출한다.

$$객실점유율 = \frac{객실판매\ 수}{보유객실\ 수} \times 100$$

[예제 10]

A호텔의 객실 수는 400실이다. 당일 객실을 360실 판매하였고 매출은 72,000,000원이었다. 객실평균요금과 점유율은 얼마인가?

$$객실평균요금 = \frac{72,000,000원}{360실} = 200,000원$$

$$객실점유율 = \frac{360실}{400실} \times 100 = 90\%$$

일일 룸 리포트 양식

일일 룸 리포트 양식은 다음과 같다.

Daily Room Report				Date	①
Statistical Figures	Today ②	③ MTD		⑥ YTD	
		Actual ④	Last Month ⑤	Actual ⑦	Last Year ⑧
⑨ Room Available					
⑩ Room Occupied (W/O Comp. +House use)					
⑪ Complimentary					
⑫ House Use Rooms					
⑬ Room Occupied (With Comp. +House use)					
⑭ Occupied %(W/O Comp.+House use)					
⑮ Occupied %(With Comp.+House use)					
⑯ Revenue					
⑰ Average rate					

① 작성 날짜

② 당일 실적

③ 월 누계 실적(MTD ; Month to Date) : 당월 1일부터 당월 현재까지

④ 오늘 현재 월 누계 실적

⑤ 지난달 월 누계 실적

⑥ 연간 누계 실적(YTD ; Year to Date) : 당해년 1월 1일부터 현재까지

⑦ 오늘 현재 연간 누계 실적

⑧ 지난해 연간 누계 실적

⑨ 판매가능한 객실 수

⑩ 객실판매 수(콤프와 하우스 유즈 사용 제외)

- W/O(Without) : 제외
- Comp.(Complimentary) : 무료로 제공된 객실
- House use : 호텔 내부 직원(총지배인, 당직지배인, 출장 온 직원 등)이 무료로 사용한 객실

⑪ 무료로 제공된 객실 수

⑫ 호텔 내부 직원(총지배인, 당직지배인, 출장 온 직원 등)이 무료로 사용한 객실 수

⑬ 객실판매 수(콤프와 하우스 유즈 사용 포함)

⑭ 객실점유율(콤프와 하우스 유즈 사용 제외)

⑮ 객실점유율(콤프와 하우스 유즈 사용 포함)

⑯ 객실판매 매출액

⑰ 객실평균요금

2. 당직지배인 업무

2.1 당직지배인 업무의 개요

당직지배인(duty manager, duty assistant manager)은 VIP고객 영접 및 대고객 업무처리, 고객 불평불만 접수 및 해결, 호텔의 안전관리 및 재산관리를 위한 순찰 등의 업무를 수행하는 자로서, 로비 한쪽에 마련된 당직 데스크에서 근무한다. 결국 총지배인이 하루 24시간 상주할 수 없다는 점에서 당직지배인이 그 역할을 대신하는 것이다. 따라서 당직지배인은 총지배인 직속 체제로 운영되고 있다. 일부 호텔에서는 당직 데스크가 프런트 근처 로비에 있다는 점에서 객실부서에 두기도 한다.

당직지배인의 근무시간은 하루 8시간씩 3교대로 운영되나 규모가 작은 호텔에서는 1~2명의 당직지배인을 두어 야간근무(22:00 PM~07:00 AM)만 담당하게 하는 경우도 있다. 그리고 당직지배인은 자신의 근무시간에 발생된 모든 사항을 업무일지(log book)에 기록하고, 총지배인에게 보고를 한다.

2.2 컴플레인 핸들링

컴플레인 핸들링의 개요

당직지배인의 주요 업무 중 하나가 컴플레인 핸들링이다. 컴플레인(complaint)이란 고객이 상품을 구매하는 과정에서 또는 구매한 상품에 관하여 품질이나 서비스 불량 등을 이유로 불만과 불평을 제기하는 것으로, 객실영업을 하는 과정 또는 투숙 중에 종종 발생한다. 이러한 고객의 불평불만을 처리하는 것을 '컴플레인 핸들링(complaint handling)'이라고 한다. 컴플레인 핸들링을 잘 못하였을 경우 그 고객은 영원히 돌아오지 않을 것이고, 또한 그들이 주변에 부정적인 구전을 전파하기 때문에 많은 잠재고객까지도 잃을 수 있다.

따라서 고객의 불만이나 불평을 적시에 만족하게 처리해 주어야 하는데, 이를 위해서는 사전에 대응책을 마련하고 숙지하고 있어야 한다. 또한 빈번하게 발생되는 불평 사례를 모아 케이스 스터디(case study)를 통하여 교육하고, 적절한 대응책을 표준화하여 대비 자세를 갖추어야 한다.

객실영업에서 발생하는 주요 컴플레인 사례

1. 예약을 했는데, 잘못되었을 경우
2. 객실 내 청소 등 마음에 안 들었을 경우
3. 객실 내 온도, 조명 등이 고장이 났을 경우
4. 객실 내에서 호텔 내부에 전화를 했는데 안 받는 경우
5. 접객이 불친절할 경우
6. 객실에서 도난사고가 발생하였을 경우
7. 주변 룸에서 소란을 피울 경우
8. 체크아웃하는 과정에서 계산이 잘못되었을 경우

컴플레인 핸들링의 절차

① 고객의 불만이나 불평을 경청하고 겸허하게 받아들인다. 이때 고객의 입장을 동조해가면서 긍정적으로 듣는다.

② 논쟁이나 변명은 피하고, 정중하고 예의 바르게 사과한다.

③ 곧 시정될 수 있는 것은 그 자리에서 즉시 조치한다.

④ 받아들이기 힘들거나 무리한 불평일지라도 일단 수긍자세를 취한 다음 고객을 납득시킨다.

⑤ 고객의 입장에서 생각하려고 노력해야 하고 성의 있는 자세를 보인다.

⑥ 이미 시정할 수 없는 사항이라면 상응하는 접대 또는 기타 서비스를 이용해 고객의 마음을 풀게 한다.

⑦ 두세 번 반복하여 컴플레인이 발생하지 않도록 각별히 신경을 써서 서비스한다.

⑧ 자신이 해결하지 못할 사항이라면 상급자에게 보고하여 조치를 취한다.

⑨ 개인적인 감정보다는 회사를 대표하는 공적인 입장에서 처리한다.

⑩ 고객이 나갈 때는 다시 한번 사과하며 마지막까지 세심한 배려를 한다.

⑪ 고객의 컴플레인 사항은 기록하여 총지배인에게 보고하고, 관련 직원들에게 환기시킨 다음 차후 반복하지 않도록 주의한다.

3. 전화교환실 업무

3.1 전화교환실의 의의

전화교환실을 PBX(Private Branch Exchange) 또는 스위치 보드(switch board)라고도 하며, 교환원을 오퍼레이터(operator)라고 한다. 교환실은 프런트 지배인하에 교환실장이 업무를 관장하고 있다. 교환원은 목소리로서 호텔을 대표하고, 고객과 직접적인 접촉은 없지만 간접 서비스를 제공한다는 점에서 중요성이 강조된다. 또한 고객의 국내 · 외 전화사용은 객실부서의 수입원 중에 하나라는 점에서 영업의 임무도 수행한다고 할 수 있다.

3.2 교환원의 기능과 자세

교환원의 기능

교환원은 ① 통신매개체의 기능, ② 정보제공의 기능, ③ 판매촉진의 기능을 담당하고 있다. 즉 교환원은 호텔과 외부, 발신자와 수신자간을 신속 · 정확하게 연결하고, 호텔의 상품 및 시설 · 연회행사 및 이벤트 그리고 호텔 내 각 영업장의 영업시간 등을 숙지하여 외부고객의 문의에 적절히 대응해야 하며, 예약전화의 경우 해당 영업장에 신속 · 정확하게 연결하여 매출향상에 일조하도록 한다.

교환원의 자세

교환원은 ① 규정에 의한 인사말을 하고, ② 표준어 및 즐거운 단어를 구사해야 하고, ③ 상냥하고 친절한 태도를 견지하고, ④ 신속 정확하게 연결서비스를 하고, ⑤ 응대에 필요한 어학을 습득해야 하며, ⑥ 고객이 보이지 않아도 항상 미소를 지어야 한다.

3.3 교환원의 업무

교환원의 주 업무는 ① 외부에서 걸려온 전화(incoming call)의 연결 서비스, ② 고객 및 내부직원의 외부전화(outgoing call) 연결 서비스, ③ 모닝 콜(morning call) 서비스 등이다. 객실 내에서 고객의 전화사용에 대해서는 전표를 작성하여 프런트 캐셔에게 인계하고 고객이 체크아웃 시 계산이 될 수 있도록 한다. 만약 호텔고객에 걸려온 콜렉트 콜(collect call)의 경우 수신 여부를 확인받고 상대방에게 연결한 다음 통화 시수를 토대로 요금 청구를 한다.

모닝 콜(morning call)은 'wake-up call'이라고도 하며, 투숙객이 요청한 시간에 전화로 깨워주는 서비스를 말한다. 많은 호텔에서는 고객이 스스로 시간에 맞춰 알람(alarm)을 할 수 있도록 나이트 테이블에 자동 시스템을 갖추고 있다. 그러나 자동 시스템을 갖추고 있지 않은 호텔의 경우 교환원이 지정된 시간에 모닝 콜을 울려 주어야 하며, 자동 시스템을 갖추고 있더라도 특히 단체 투숙고객의 경우 아침에 일괄적으로 투숙객 전원에게 모닝 콜을 요청하는 경우가 있으므로 교환원은 사전에 접수된 시간에 맞춰 모닝 콜을 울려 주어야 한다.

따라서 교환원은 모닝 콜 리스트를 만들어 착오 없이 요청된 시간에 모닝 콜 벨 소리로서 고객을 깨워주어야 한다. 만약 모닝 콜 서비스가 제대로 안되어 고객이 늦게 일어나 항공기 등의 시간을 제대로 맞추지 못하면 큰 낭패를 볼 수 있다.

[표 6-2] 모닝 콜 리스트(Morning call list)

Morning Call List 20**년 월 일				
호실	고객명	기상시간	접수자	비고

3.4 교환원의 전화응대 요령

호텔로 전화를 건 고객은 최초의 고객이자 사전 예고 없이 찾아오는 고객이다. 전화는 음성 하나로 자신의 예절 수준을 가늠할 수 있을 뿐만 아니라 호텔의 품격을 나타낸다는 점에서 항상 밝고 정중하게 응대해야 한다. 전화응대의 요령은 다음과 같다.

목소리 조절

전화응대에 있어서 목소리 조절은 ① 억양조절, ② 음량조절, ③ 속도조절 등을 들 수 있다.

첫째, 억양조절. 억양이란 어조에 마치 파도를 타듯이 높낮이를 주는 것이며, 목소리에 높낮이를 주는 것은 상대방에게 관심을 표명하고 있다는 것을 보여 주는 것이다. 억양이 없는 목소리는 단조로워 고객이 흥미를 잃게 된다.

둘째, 음량조절. 음량이란 목소리의 크기이다. 목소리가 너무 크면 고객의 입장에서는 소음으로 들리거나 화난 모습을 연상할 수도 있다. 반대로 목소리가 작으면 고객은 답답해할 것이다.

셋째, 속도조절. 목소리의 속도가 빠르면 고객이 못 알아들을 수 있고, 느리면 답답해할 것이다. 이 두 가지의 경우 모두는 고객에게 관심이 없음을 표명하는 것이다. 고객을 편안하게 해 줄 수 있으므로 항상 적정 속도를 유지할 수 있도록 해야 한다.

전화를 받기 전

메모지, 볼펜 그리고 구내전화번호 리스트를 항상 전화 곁에 놓아두고 통화내용은 항상 메모하는 습관을 길러야 한다. 그리고 호텔 구내전화번호 리스트를 옆에 두고 해당 부서나 담당자에게 적절하게 연결 해주어야 한다.

벨이 울리면

벨이 울리면 즉시 전화를 받아야 한다. 세 번 이상 울리면 고객에 대한 예의가 아니다. 그리고 수화기를 들면 호텔명을 말하고, "무엇을 도와드릴까요?"하고 묻는다.

말할 때

말은 분명하고 정중하게 해야 하며, 상냥하고 표준말을 써야 한다. 특히 고객이 이해하기 어려운 전문용어의 사용은 하지 않도록 하고, 고객을 지칭할 때 경칭을 사용하여 실수를 예방하여야 한다.

전화를 끊을 때

전화를 끊기 전에는 "감사합니다."라는 인사말과 함께 전화를 향하여 인사를 한다. 전화를 향하여 인사하는 것은 부끄러운 일이 아니고 이쪽의 성의 있는 행동이 그대로 목소리에 나타나게 하는 것이다. 그리고 고객이 먼저 끊으면 조용히 놓는다.

[표 6-3] 전화응대에서의 경어

잘못된 표현	올바른 표현(경어)
잠깐만요.	잠시 기다려 주시겠습니까?
그래요.	그렇습니다.
알고 있어요.	알고 있습니다.
무슨 일이예요?	무슨 용건입니까?
(전화를) 돌려 드릴게요.	(전화를) 연결해 드리겠습니다.
예, 뭐라고요?	죄송합니다만 다시 한 번 말씀해 주시겠습니까?
자리에 없어요.	자리를 비우셨습니다.
나중에 전화주세요.	나중에 전화주시겠습니까?
잘못 걸었습니다. ○○부서로 전화를 다시 하세요.	해당 부서로 연결해 드리겠습니다.

전화교환원

4. 비즈니스/피트니스 센터 업무

4.1 비즈니스 센터 업무

비즈니스 센터(business center)는 비즈니스 고객을 위하여 각종 자료와 사무기기, 회의장소 등을 비치해 놓고, 전문요원을 배치하여 비즈니스와 관련된 서비스를 해주는 곳이다. 국제 간의 교류가 증대됨에 따라 그 중요성이 높다고 할 수 있다. 비즈니스 센터에서의 단순 안내 업무는 무료이지만 사무기기 및 용품을 이용하거나 사무작업을 대행해 주는 경우는 유료이다. 비즈니스센터는 호텔로비 주변에 있고, 객실투숙객과 관련성이 많다는 점에서 객실부에서 운영하고 있으며, 비즈니스센터의 구체적인 업무는 다음과 같다.

- 타이핑, 워드, 복사, 번역 및 통역 업무
- 텔렉스, 팩시밀리 사용
- 노트 북 등의 대여
- 각종 소포 및 문서 수발
- 항공권 예약, 취소, 확인(confirm) 및 각종 교통기관 안내
- 명함제작 및 무역과 관련된 업체 소개 및 연락
- 비즈니스 센터 내에 있는 소회의실(또는 상담실) 대여

비즈니스 센터(business center)

4.2 피트니스 센터 업무

피트니스 센터(fitness center)는 호텔 부대시설 중의 하나로 투숙객들이 체력단련을 하거나 여행의 피로를 풀기 위한 여가활동의 공간이다. 호텔에 따라 피트니스 센터에는 헬스시설, 에어로빅, 사우나, 수영장, 테니스 코트, 스쿼시 코트, 골프연습장 등 다양한 시설을 갖추고 있다. 피트니스 센터는 호텔의 조직상 레포츠(leports)부서로서 별도의 부서로 존재하기도 하나 많은 호텔에서는 객실부 또는 하우스키핑부서 소속으로 관리하고 있다.

피트니스 센터

연습문제 호텔관련 종사원 자격시험 대비

1. 호텔 부대시설 중의 하나로 투숙객들이 체력단련을 하거나 여행의 피로를 풀기 위한 여가활동의 공간을 무엇이라고 하는가?

① fitness center ② business center
③ executive lounge ④ banquet room

2. 야간에 프런트 업무를 담당하면서 객실영업보고서를 작성하는 것이 주 업무인 사람을 무엇이라고 하는가?

① duty manager ② night clerk
③ room clerk ④ operator

3. PBX(Private Branch Exchange)란?

① 예약실 ② 당직실
③ 전화교환실 ④ 수하물 보관실

4. VIP고객 영접 및 대고객 업무처리, 고객 불평불만 접수 및 해결, 호텔의 안전관리 및 재산관리를 위한 순찰 등의 업무를 수행하는 직원은?

① night clerk ② GRO
③ concierge ④ duty manager

5. A호텔의 객실 수는 300실이다. 당일 객실을 240실 판매하였고, 매출은 48,000,000원이었다. 객실평균요금과 점유율은 각각 얼마인가?

① 200,000원 – 80% ② 200,000원 – 60%
③ 300,000원 – 80% ④ 300,000원 – 60%

제7장

객실정비 부서의 실무

Front Office & Housekeeping

제7장

객실정비부서의 실무

1. 하우스키핑의 개요

1.1 하우스키핑의 개념

객실정비부서를 하우스키핑(housekeeping)이라고 한다. 하우스키핑(housekeeping)의 사전적 의미는 집을 보존하고 관리 및 유지하는 것으로 되어 있다. 따라서 호텔에서 객실정비 또는 객실관리라고 불리는 하우스키핑부서는 객실영업부서가 객실을 판매할 수 있도록 객실을 정비하고 유지관리를 담당하는 곳이다. 즉 고객에게 청결하고, 안락하고, 편안한 객실을 제공하기 위하여 객실 및 욕실청소 청소, 침대 꾸러기(bed making)를 비롯하여, 린넨 관리, 세탁소 운영 등의 업무를 담당하는 곳이며, 이와 같은 기본적인 업무 외에 호텔 전 영업장 및 공공장소 등의 청소와 관리도 담당한다.

하우스키핑 직원들은 대고객 서비스에 직접 참여하지 않지만 보이지 않는 곳에서 섬세한 손길이 필요하다는 점에서 여성들이 대부분 근무하는 특성을 가지고 있다.

따라서 하우스키핑 직원들은 객실뿐만 아니라 호텔 전반의 영업장과 공공장소를 유지 및 관리를 하는데 있어서 ① 청결 ② 안락 ③ 편리의 3대 원칙에 의거하여 업무를 수행하도록 노력해야 한다.

1.2 하우스키핑의 역할

객실생산

프런트 오피스가 객실을 판매하는 부서라면 하우스키핑은 객실을 판매할 수 있도록 객실을 생산하는 업무를 담당한다. 하우스키핑은 고객과 직접 접촉하여 영업행위를 하는 것은 아니지만 고객만족을 위한 물적(객실시설 등) 서비스를 관리한다는 점에서 고객과 간접접점을 하고 있다. 객실영업부서에서 아무리 예약을 많이 받고 고객과의 접촉에서 훌륭한 서비스를 하더라도 객실상품을 잘 만들어 놓지 않으면 소용이 없는 일이다.

객실 외 부대영업장 지원 및 관리

하우스키핑은 객실 외 호텔 내의 각 레스토랑은 물론 부대시설까지도 청소를 담당하고 꽃꽂이, 커튼, 카펫, 샨데리아 기타 소품 등도 관리한다. 또한 호텔 내 각 영업장에서 사용하고 있는 린넨류를 관리 공급하고 직원 유니폼 관리, 고객세탁물을 관리하는 등 호텔영업부서의 원활한 영업활동을 지원한다. 하우스키핑은 마치 집안의 살림살이를 담당하는 것과 같다.

1.3 하우스키핑의 조직

하우스키핑의 조직도는 객실부장(팀장)하에 객실정비과장이 총괄하고 있다.

[그림 7-1] 하우스키핑의 조직도

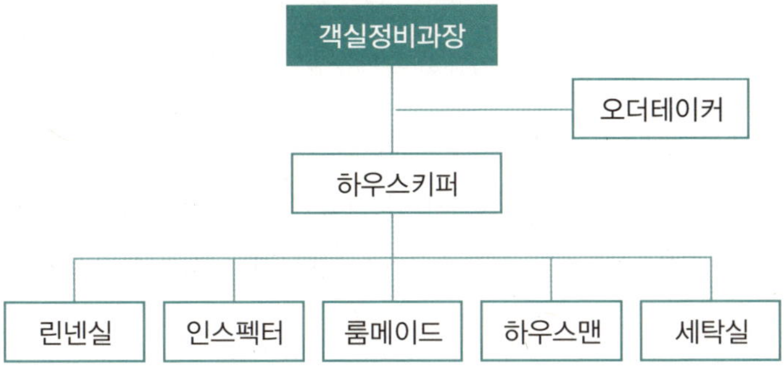

1.4 하우스키퍼 업무

하우스키퍼(housekeeper)는 하우스키핑 부서의 실무책임자를 말한다. 하우스키퍼는 기본업무인 객실정비 및 유지관리, 비품관리에 중점을 두고 하우스키핑 전 직원에게 작업을 지시하거나 감독하며, 작업실시 결과를 확인하는 등 객실의 생산성 향상에 노력을 해야 한다. 특히 하우스키핑은 호텔 내 전 부서와 연관되어 있으므로 유기적인 협조체제를 갖추도록 하고 조정 역할도 해야 한다. 하우스키퍼는 관리자의 입장에서 다음과 같은 업무를 수행한다.

부하직원 관리

하우스키핑 부서는 호텔 내에서 많은 인원이 근무하는 곳이다. 부서원의 수를 적정 관리하여 효율경영에 일익을 담당해야 한다. 또한 부서원의 교육훈련은 물론 권태사항 체크, 스케줄 관리 및 후생복지 문제도 관리해야 한다.

운영경비의 절감

효율적이고 과학적 방법에 의하여 인건비의 절감과 새로운 작업방법의 도입 등 작업능률을 향상시켜 객실의 생산성 향상을 위하여 노력해야 한다.

작업계획의 수립

하우스키핑 직원들이 수행해야 할 각종 작업계획을 장 · 단기로 나누어 수립하고, 그것은 체계적이고 효율적이어야 하며 실행방법까지 구체화되어야 한다.

호텔 재산보호 및 재고조사(inventory)

하우스키퍼는 막대한 호텔의 재산과 시설을 보호해야 하고, 화재 등 긴급사태에 대비해야 한다. 또한 객실정비와 관련된 각종 비품이나 용품 및 도구 등을 주기적으로 재고조사를 하여 보급품의 발주 및 보충, 수리 등을 처리한다.

예산의 수립 및 집행

하우스키핑에는 많은 인력과 장비 및 용품이 방대하여 이에 대한 예산을 적절하게 수립하고 체계적으로 집행할 수 있어야 한다.

1.5 오더테이커(order taker) 업무

오더테이커는 하우스키핑 내 사무실에서 근무하면서 일반 사무업무는 물론 투숙객 및 호텔 내부 타 부서로부터 전화 등을 통하여 요청되는 각종 사항을 접수하여 해당 부서 및 담당자에게 조치를 취하도록 전달하는 역할을 한다.

일반 사무업무

하우스키핑 오더 테이커의 일반 사무업무는 다음과 같다.

- 각종 보고서 작성
- 린넨 관련 전표 관리
- 작업(보수) 의뢰서 관리
- 소모품 입출고 장부 관리
- 하우스키핑 장비 및 비품의 대여 및 관리
- 하우스키핑 직원 근무 시간표 관리
- 분실물 습득대장(lost & found) 관리

투숙객 요청사항 처리업무

투숙객이 각종 사항을 요청할 경우 접수대장에 객실 번호, 접수 시간, 주문 내용, 접수자 명을 기록하고, 해당 부서 및 담당자에게 조치를 취하도록 전달한다. 그리고 처리가 완료되면 그 시간도 접수대장에 기록한다. 일반적으로 투숙객으로부터 요청되는 주요 사항은 다음과 같다.

- 객실 청소 불만사항
- 객실 용품 부족사항
- 침구류 및 욕실 비품 추가 요청사항
- 객실 내 냉난방의 문제
- 세탁물이 있을 때
- 객실 내에서 분실 및 도난 사건이 발생했을 때
- 룸 서비스 요청사항. 투숙객에게 음식과 음료를 주문받아 서비스를 해주는 부서는 식음료부의 룸서비스인데, 투숙객은 간혹 하우스키핑으로 전화를 할 수 있다. 이때 룸서비스 오더 테이커에게 연결한다.

2. 플로어키퍼(floor keeper) 업무

2.1 플로어키퍼의 개요

플로어키퍼(floor keeper)란 한 층의 객실에 대한 정비를 책임지고, 그 층의 룸 메이드(room maid)를 관리하는 업무를 담당하는 직원을 말한다. 대부분의 호텔에서는 경력이 많은 선임 룸 메이드가 이 역할을 수행하고 있다. 플로어키퍼 및 룸 메이드의 대기실을 플로어 스테이션(floor station)이라고 하는데, 여기에는 그 층의 객실상황판(floor indicator panel) 또는 하우스키핑 객실정보 모니터가 비치되어 있으며, 객실정비를 위한 각종 청소도구, 객실비품, 린넨 및 룸 메이드 카트 등을 보관할 수 있다.

2.2 플로어키퍼의 주요 업무

플로어키퍼(floor keeper)의 주요 업무는 다음과 같다.

- 전 근무자로부터 해당 층의 객실을 열 수 있는 패스 키(pass key)를 인수받는다.
- 플로어 스테이션(floor station) 내 객실상황판을 보고 사용 중인 객실을 파악하여 청소에 대비한다. 객실상황판(또는 컴퓨터 화면)에 사용 중인 룸(occupancy)은 적색으로 표시되고, 청소가 완료되어 판매가 준비된 룸(vacant)에는 녹색으로 표시되어 있다.
- 담당 층의 룸 메이드의 출근 사항을 체크한다.
- 담당 층의 전반적인 비품과 시설(제빙기, 룸 메이드 카트, 소아용 침대, 엑스트라 베드 등)을 점검한다.
- 담당 층의 복도를 비롯한 공용구역의 청소 및 꽃꽂이 등의 장식물을 체크한다.

- 룸 메이드에 의해서 수거된 고객의 세탁물을 구분하여 확인한 후 양식에 기재하고 세탁실로 인계한다.
- 룸 메이드의 작업량을 할당한다. 호텔의 규모와 특성 그리고 룸 메이드의 숙련도에 따라 통상 하루 12~15개의 객실을 담당한다.

3. 룸 메이드 업무

3.1 룸 메이드의 의의

룸 메이드(room maid)에서 'Room'은 객실을 말하고, 'Maid'는 가정부를 의미한다. 따라서 룸 메이드는 객실을 직접 청소하고 정비하는 여직원을 말한다. 룸 메이드는 객실 층마다 한 쪽에 마련된 플로어 스테이션에 근무하면서 청소를 요하는 객실(on change room)을 깨끗하고 아늑하게 꾸며야 하며, 적정시간 내에 청소 및 정비를 완료해야 하는 등 객실상품을 만든다는 측면에서 중요한 역할을 하고 있다.

특히 객실은 고객의 숙박을 위하여 안락하고 깨끗해야 되므로 룸 메이드의 섬세한 손길이 필요하며, 일부 호텔에서는 객실 청소와 정비 상태가 완전하다는 것을 보증하기 위하여 룸 메이드 자신의 사진과 이름이 담긴 텐트 카드를 침대의 사이드 테이블에 놓아두는 일명 '룸 메이드 실명제' 를 실시하는 호텔도 있다. 룸 메이드의 청소순서는 ① 청소의 준비 ② 객실 내 점검 ③ 베드 메이킹 ④ 욕실 청소 ⑤ 실내 청소 및 비품류 정리 ⑥ 체크리스트 작성 등의 순서로 진행된다. 그리고 룸 메이드는 기본적인 객실청소 외 턴다운 서비스와 베이비 시터 등 기타 업무도 수행한다.

3.2 청소의 준비

플로어키퍼(floor keeper)로부터 객실청소 지시를 받은 룸 메이드는 메이드 카트를 체크한 다음 플로어 스테이션에 있는 객실정보 모니터에 해당 정보를 입력한다. 그리고 해당 층의 객실을 열 수 있는 패스 키(pass key)를 인수한다. 단 이 키를 작업과 관련 없는 용도에 사용하거나 불출하여서는 안 된다.

청소와 관련하여 객실을 출입할 때는 반드시 노크를 해야 하고, 고객과 복도에서 마주칠 때는 인사를 하며, 고객이 지나간 다음 이동해야 하며, 객실청소를 할 때는 문을 열어둔 채 한다.

메이드 카트 체크

객실에 청소를 하러 가기 전에 청소도구를 비롯한 메이드 카트(maid cart)에 필요한 소모품 및 비품적재를 점검한다.

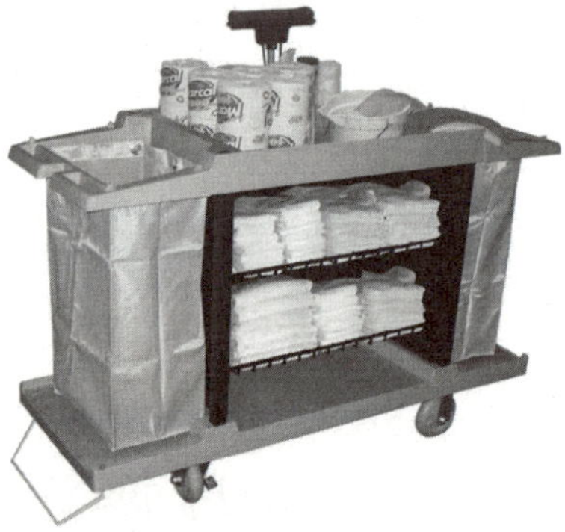

메이드 카트(maid cart)

객실정보 모니터 작동

하우스키핑 객실정보 모니터를 통하여 청소를 해야 할 룸을 체크한 다음 해당되는 호실에 청소 중이라는 뜻의 표시등(빨간색)을 클릭한다. 이 표시

등은 하우스키핑 사무실 및 프런트 데스크에도 연결되어 객실판매 여부를 확인해 줄 수 있다. 청소가 완료되면 녹색 표시등을 클릭한다. 이러한 전산 시스템에 의하여 프런트 데스크와 하우스키핑 간에 정보를 공유하고 있다.

[그림 7-2] 하우스키핑 객실정보 모니터

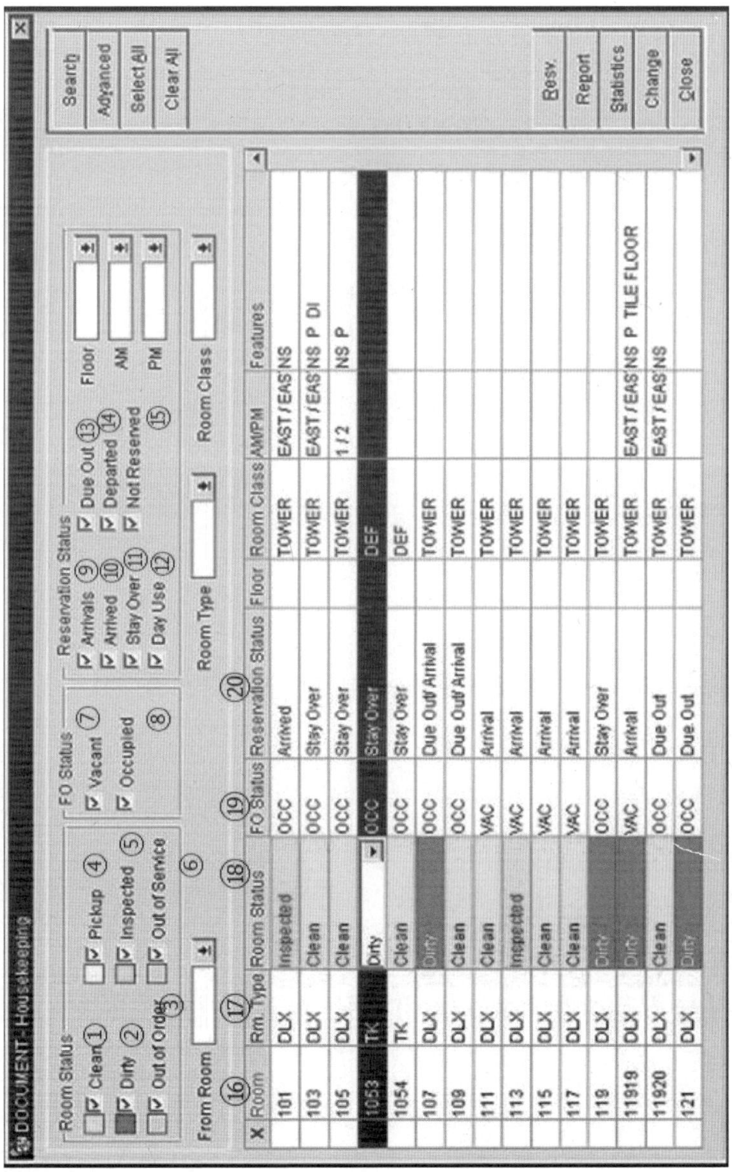

① Clean : 객실청소 완료상태의 룸

② Dirty : 청소를 해야 하는 룸

③ Out of Order : 객실에 고장이 있어 판매가 불가능한 룸

④ Pickup : 객실 내 수하물이 있음

⑤ Inspected : 점검이 완료된 룸

⑥ Out of Service : 사용되지 않거나 판매가 불가능한 룸

⑦ Vacant : 비어 있는 룸

⑧ Occupied : 사용 중인(투숙 중)인 룸

⑨ Arrivals : 투숙객 도착예정

⑩ Arrived : 투숙하였음

⑪ Stay Over : 연박(연장 숙박)하는 룸

⑫ Day Use : 대실

⑬ Due Out : 예약 기간 동안만 투숙하고 떠남

⑭ Departed : 퇴실하였음

⑮ Not Reserved : 예약이 되지 않았음

⑯ Room : 호실

⑰ Rm. Type : 객실 타입

⑱ Room Status : 청소완료 룸(Clean), 청소해야 하는 룸(Dirty), 점검이 완료된 룸(Inspected)의 상황

⑲ FO Status : 프런트 오피스 상황(VAC : 비어 있는 룸, OCC : 투숙 중인 룸)

⑳ Reservation Status : 예약상황

도어 놉 카드(door knob card) 처리

객실 바깥 문고리에 도어 놉 카드(door knob card)가 걸려 있다면 그 내용을 잘 보고 적절히 대응한다. 즉 도어 놉 카드는 양면으로 되어 있는데

"Please make up room(청소해 주세요)" 라고 적힌 면을 걸어놓았다면 문을 열어 청소를 하고, "Do not disturb(깨우지 마세요)" 라고 적힌 면을 걸어 놓았다면 청소를 해서는 안 된다.

3.3 객실 내 점검

객실에 들어가기 전에 반드시 노크한다. 객실에 들어서면 문을 열어두고, 도어 스토퍼를 이용해 문을 열린 상태로 고정시킨다.

객실을 청소하기 전에 먼저 객실 내를 점검해야 한다. 즉 객실가구 및 비품의 파손 여부, 고객의 세탁물(연박 또는 장기투숙고객 룸의 경우), 분실물 등을 확인한 다음 커튼을 열고 밝은 상태에서 청소를 실시하며, 창문을 열어 환기시킨다.

고객 세탁물 수거

고객의 세탁물을 수거할 때는 지정된 세탁물 봉지(laundry bag)를 사용하며, 숙박객의 성명, 객실번호 등을 정확히 기입하고 세탁물을 넣으며, 호주머니에 소지품이 있는지 확인한다.

세탁물 봉지(laundry bag)

분실물 습득 처리

객실 내에서 고객의 분실물을 습득하였을 때는 규정 봉투에 담아 습득날짜와 객실번호 등을 기록하여 하우스키핑 사무실(오더 테이커)에 전달하고 습득물대장(lost & found)에 기록한다. 고객의 연락처가 있다면 즉시 통보하고, 연락처가 없다면 당직지배인에게 보고한다. 고객이 찾아갈 경우 확인절차를 거쳐 인계하고, 확인을 받는다.

고객이 자신의 분실물을 찾아가지 않을 경우 호텔 내규에 의하여 보관기간을 정하고 있는데, 보통 귀중품인 경우는 1년, 일반품목일 경우는 대개 3~6개월 정도 보관을 원칙으로 한다. 보관기간 완료 이후에도 찾아가지 않을 경우 매각처분하여 종사원 후생복지 기금 또는 공익단체에 기증하는 방법으로 처리한다.

[표 7-1] Lost & Found 대장

번호	Lost Found						Found			
	습득 일시	장소/ 호실	고객명	품명	습득자	보관자	인수자 (고객)	인수 일시	연락처	인계자 (호텔측)

3.4 베드 메이킹

베드 메이킹(bed-making)은 침대꾸미기로서 표준화된 순서와 동작에 의하여 작업을 하여야 한다. 베드 메이킹의 순서는 다음과 같다.

① 가장 밑바닥에 있는 매트리스 위에 베드 패드(bed pad)를 깔고

② 그 위에 속 시트(sheet)를 덮고 네 모서리에 각이 지도록 접어 넣으며

③ 그 위에 모포(blanket)를 덮고

④ 겉 시트로 덮어 사접한 다음

⑤ 베개를 놓고

⑥ 마지막에 침대보인 베드 스프레드(bed spread)를 덮는다.

[그림 7-3] **패드를 깔고 시트를 사접하는 모습**

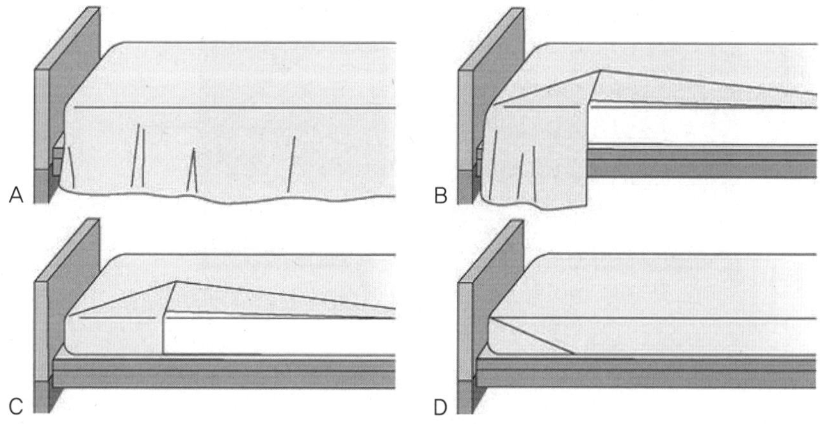

베드 메이킹은 다음 그림과 같이 스탠다드형과 디럭스형이 있는데, 호텔의 규정에 따라 선택된다.

스탠다드형 베드 메이킹 모습

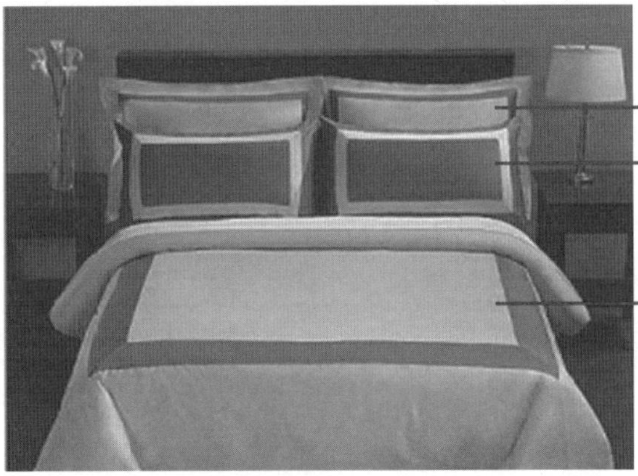

디럭스형 베드 메이킹 모습. 이불 위에 담요를 띠(러너) 처럼 걸쳐 놓기도 한다.

3.5 욕실 청소

욕실은 청결과 위생의 관점에서 고객이 가장 민감하게 반응하는 곳이다. 따라서 욕실청소는 룸 메이드의 세심한 손길이 필요하며, 주요 업무로는 다음과 같다.

- 세면대, 욕조, 바닥 등의 물기 제거

• 욕조 내의 배수 처리
• 깨끗한 거울 유지
• 샤워 커튼 및 샤워기 체크
• 변기청소 및 화장지 교체(화장지를 교체한 후에는 끝을 삼각형으로 접어놓는다)
• 냉 · 온수 체크
• 사용한 타월의 수거 및 보충
• 위생비닐봉지(sanitary bag) 체크
• 어메니티(amenity)의 보충 및 정리정돈 등
• 욕실 청소가 완료되면 사용한 타월류 등의 린넨을 침대 시트에 싼다.

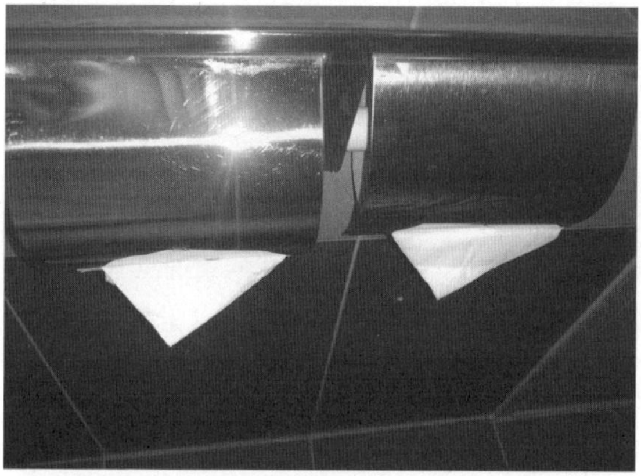

화장실용 휴지의 끝을 삼각형으로 접어 놓으므로써 사용 여부를 알 수 있다.

호텔마다 욕실 내 용품 비치 내용은 다르지만 그 종류는 다음과 같다.

• **목욕타월**(bath tower) 2장
• **얼굴수건**(face tower) 2장
• **발수건**(foot tower) 2장

- 손수건(wash tower) 2장
- 비누(saop) 2개
- 샴푸(shampoo) 1개
- 샤워 캡(shower cap) 2개
- 잔(tumbler) 2개
- 위생 비닐봉지(sanitary bag) 1개
- 밀크로션(milk lotion) 1개
- 스킨로션(skin lotion) 1개
- 빗(comb) 1개
- 미끄럼 방지용 매트(bath mat) 1개

3.6 실내 청소 및 비품류 정리

실내 청소

욕실 청소 후 실내 청소는 주로 가구와 바닥 청소를 하게 된다. 먼저 실내의 쓰레기를 수거하고, 가구의 경우 마른 걸레로 닦으며, 바닥 카펫의 경우 진공청소기로 돌린다. 얼룩이 있을 경우 세재를 사용해야 하며, 침대 메트리스나 가구의 수리나 교체가 필요할 경우 이를 체크리스트에 표기한다. 그리고 객실 내의 온도를 18~21도를 유지하도록 한다.

미니바 정비

객실 내의 미니바(mini bar)는 냉장고 및 주변에 주류, 음료, 스낵 등을 비치하여 고객이 셀프서비스로 사용하도록 되어 있으며, 체크아웃 시 고객이 계산하는 후불 형식으로 되어 있다. 따라서 미니바를 체크하여 고객의 사용 여부를 확인하고 만약 고객이 미니바를 사용했는데 계산서가 미니바 위에 그대로 남아 있다면 즉각 프런트에 연락하여 요금을 받도록 한다. 미니바의 품목 및 수량은 전 객실이 통일되어 있으며, 진열상태도 통일되어 있으므로 냉장고 문을 여는 순간 어떤 품목을 사용했는지 한눈에 알 수 있도록 되어 있다. 고객이 체크아웃하면 소모된 품목과 수량만큼 보충해 주고, 미니바 컨트롤 시트에 그 내용을 기록한다.

[표 7-2] 미니바의 계산서(예)

Mini Bar				
코드번호/Code No.	품목/Items	가격/Price	수량/Q' ty	계/Amount
1	음료수/Soft Drink	4,000		
2	맥주/Beer	6,000		
3	생수/Mineral Water	2,000		
4	스낵/Mixed Nuts	6,000		
5	○○○	×××		
6	△△△	×××		
7	□□□	×××		
상기 금액에는 10%의 부가세가 부과됩니다. /The above rates are subject to 10% tax.			계/Amount	
			부가세/Tax	
			합계/Total	
호실/Room No.		서명/Signature		
※ 귀하가 체재하시는 동안 미니바는 직원에 의해 매일 체크되어지며, 소비된 품목은 고객의 계정에 부과됩니다. 체크아웃하실 때 소비하신 품목과 수량을 계산서에 기입하신 후 프런트 캐셔에게 제출하여 주시기 바랍니다.				

주) 일반적으로 고객이 품목의 수량에만 표기하고, 나머지 계, 부가세, 합계는 프런트 캐셔가 집계하여 금액을 알려준다.

인쇄물 및 비품 정리

객실에는 고객의 편의를 위하여 각종 인쇄물과 문구류 등의 비품이 비치되어 있다. 이러한 인쇄물과 문구류 등의 비품은 표준화된 위치 및 세팅에 의하여 정리해 두어야 한다. 각 호텔의 인쇄물과 문구류 등의 비품은 약간의 차이가 있으나 일반적으로 다음과 같은 것들이 비치되어 있다.

- 메모지와 볼펜
- 호텔 안내서
- 각 업장의 프로모션 상품 안내
- 숙박 약관
- 룸 서비스 차림표
- 주변 관광안내 안내물
- 그림엽서 등

3.7 룸 메이드 체크리스트 작성

객실 청소가 완료가 되면 빠진 부분이 없는지 체크리스트를 통하여 확인한다. 그리고 룸 메이드(Room Maid) 실명제를 실시하는 호텔의 경우 자신의 실명이 들어간 텐트카드를 침대 머리맡 선반 위에 올려놓는다. 룸 메이드 체크리스트의 양식은 다음과 같다.

[표 7-3] 룸 메이드 체크리스트

Room Maid Check List			
Date :	Room No.:	Checked by :	
Guest room			
Items	Yes	No	Remark
출입문 작동 상태			
창문 청소 및 작동 상태			
조명 작동 상태			
냉난방 작동 상태			
침대정비 및 상태			
침구 정비			
바닥 청소			
거울 청소 및 상태			
가구 청소 및 상태			
의자 및 소파 청소 및 상태			
옷장 내 청소 및 비품정비			
전화 작동			
TV작동			
나이트 테이블 작동			
휴지통 정비 상태			
미니바 정비			
문구류 및 인쇄물 정비			
도어 놉 카드 유무			
Bathroom			
욕실바닥 청소 및 상태			
변기 청소 및 상태			
욕조 청소 및 상태			
세면대 청소 및 상태			
거울 청소 및 상태			
타월류 비치 상태			
화장지 비치 상태			
헤어드라이기 상태			
조명 상태			
환기 상태			

샤워기 정비 및 상태				
냉 · 온수 작동 상태				
욕실용품 비치	상태비누 2개			
	샤워캡			
	로션/스킨			
	빗			
	△△△			
	○○○			

룸 메이드의 체크리스트 작성

3.8 기타 업무

턴다운 서비스

턴다운 서비스(turn down service)란 이미 투숙한 고객의 객실에 대하여 취침 직전에 간단한 청소 · 정리정돈 · 침대정리 등 취침준비 서비스를 하는 것을 말한다. 일반적으로 턴다운 서비스는 18:00 이후부터 22:00 사이에 이루어지는데, 쓰레기통을 비우고, 사용한 타월을 교환하며, 베드 스프레드를 접어 취침이 용이하도록 하고, 커튼을 닫은 후 은은한 조명을 켜 둔다.

베이비시터 업무

베이비시터(baby sitter)란 아이를 돌보아 주는 사람으로서 호텔의 경우 투숙고객이 아이를 남겨두고 ① 외부에 나가고자 할 때 ② 디너쇼 등 공연을 관람하고자 할 때 ③ 회의에 참가하고자 할 때 ④ 파티에 참가하기 위하여 베이비시터를 요청하는 경우가 많다. 이때 베이비시터는 룸 메이드 비번자 중에서 시간이 가능한 직원이 담당하며, 요금은 시간당 계산을 받는 것이 일반적이다.

4. 룸 인스펙터 및 하우스맨 업무

4.1 룸 인스펙터 업무

룸 인스펙터(room inspector)는 객실 점검원으로서 여직원이 담당할 경우 룸 인스펙트리스(room inspectress)라고 한다. 객실점검원의 주요 임무는 룸 메이드가 정비한 객실을 판매하기 전에 최종 점검을 하는 것이다. 룸 인스펙터의 3대 점검 포인트는 ① 객실 내부 설치물 및 가구 등의 작동 및 기능상태, ② 각종 비품, 가구, 소모품 등의 셋업(set up) 상태, ③ 객실 내부 및 가구 등의 청결상태 등이다. 룸 인스펙터는 체크리스트를 통하여 점검하는데, 일반적인 체크리스트는 다음과 같다.

[표 7-4] 룸 인스펙터 체크리스트

○○○호텔 Room Check List			
날짜 : ______ ______ 호실		점검자 : ______	
항목	Yes	No	비고
침실부분			
창문과 커튼의 상태			
TV와 서랍 속의 청결 상태			
화장대 및 욕실 거울의 청소 상태			
휴지통, 재떨이, 탁자, 바닥 카펫 상태			
옷장 내부 청소 및 비품의 정비 상태			
조명 및 나이트 테이블의 작동 상태			
침대 및 침구의 상태			
객실 내 인쇄물 및 홍보물 비치 상태			
미니바에 비치된 용품 비치 및 정리 상태			
실내 온도 및 조절기 상태			
도어 늅 카드 정비 상태			
욕실부분			
욕실 내부의 청소 상태			
욕실 내 어메니티 비치 상태			
냉 · 온수 및 배수의 상태			
욕조, 세면대, 변기 등 배수 상태			
타월류의 비치 상태			
화장실 휴지 상태			

4.2 하우스맨 업무

하우스맨(house man)은 룸 메이드를 도와 객실을 정비하는 직원으로서 주로 룸 메이드가 하기 힘든 일을 도와주거나 호텔 내 · 외부 공공지역(public area)의 청소를 담당한다. 하우스맨은 호텔 건물을 관리하는 기초

지식과 도구나 기계를 다루는 요령, 청소에 사용되는 세제 사용방법 등을 숙지하여 기동성 있게 업무를 수행해야 한다. 주요 업무는 다음과 같다.

- 메이드 카트(maid cart)의 물품보급
- 엑스트라 베드(extra bed) 및 유아용 침대를 보급하고 관리한다. 유아용 침대를 '베이비 크립(baby crib)' 또는 '베이비 콧(baby cot)'이라고 한다.
- 린넨류의 공급 및 세탁물 수거 운반
- 복도, 홀, 계단 등의 세제 사용 청소
- 폐지 및 폐품의 정리

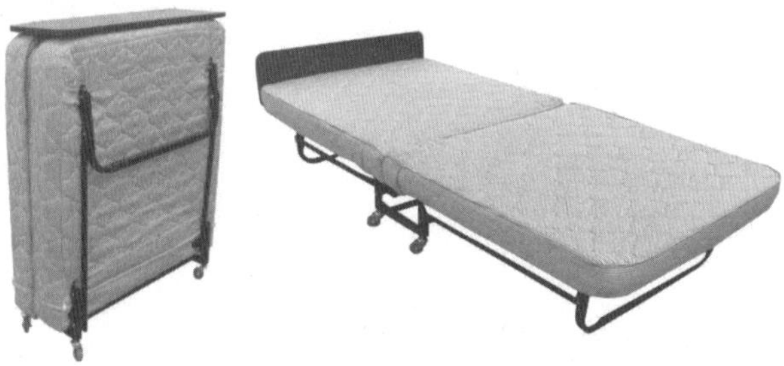

엑스트라 베드(extra bed)

베이비 크립(baby crib)

5. 린네실 및 세탁실 업무

5.1 린넨실 업무

린넨(linen)이란 호텔에서 사용하고 있는 담요, 이불, 베개 커브, 침대시트, 타월, 가운, 식탁보, 냅킨, 커튼, 종업원 유니폼 등 모든 직물류를 말한다. 린넨실은 이러한 린넨을 관리하기 위하여 적정재고수량의 설정 및 유지, 수선 등의 관리보존, 교체 및 구입계획, 폐품처리, 재고조사 등의 업무를 수행한다. 또한 린넨실은 객실을 비롯한 호텔 전부서의 린넨 용품뿐만 아니라 종업원의 유니폼까지도 관리하며, 고객 세탁물의 수선도 담당한다.

객실영업을 원활하게 하기 위해서는 린넨의 적정재고 유지가 중요한데, 예를 들어 침대 시트의 경우 ① 침대수 ② 객실이용률 ③ 린넨의 수명 ④ 세탁 소요시간 ⑤ 긴급사태의 예측 등을 고려해서 확보해야 한다. 린넨의 적정재고 수량유지에 대한 명확한 기준은 없지만 대체적으로 침대당 4~5회전 분량을 기준으로 하는 것이 바람직하다. 그 이유는 ① 한 벌은 사용 중 ② 한 벌은 각 층 린넨 창고에 보관 중 ③ 한 벌은 세탁을 위하여 대기 중 ④ 한 벌은 세탁 중 ⑤ 한 벌은 긴급사태 대비용으로 준비를 해 두어야 하기 때문이다.

린넨의 수명은 종류별로 다른데, 폐기 때까지의 세탁회전수로 예측할 수 있다. 객실에서 사용하는 린넨의 규격과 폐기 때까지의 세탁회전수를 살펴보면 [표 7-5]와 같다.

[표 7-5] 린넨의 규격과 수명

품 목		규격(가로×세로)	폐기까지의 세탁회전수
침대시트(sheet)	싱글	180 × 220 ㎝	380회
	더블	220 × 240 ㎝	
	킹 사이즈	240 × 260 ㎝	
손수건(hand tower)		30 × 30 ㎝	190회
얼굴수건(face towel)		80 × 36 ㎝	190회
발수건(foot towel)		80 × 50 ㎝	190회
목욕수건(bath towel)		120 × 65 ㎝	350회
베개커브(pillow case)		350회	

※ 자료 : 각 호텔의 자료를 토대로 저자 작성

5.2 세탁실 업무

호텔의 세탁실을 라운드리(laundry)라고 하는데, 고객용 세탁물과 직원용 세탁물을 담당하는 곳이다. 세탁실을 관리 운영하는데 있어서 호텔경영측면에서 인건비 및 기계에 대한 관리유지비를 감당할 수 없을 경우에는 외부의 대형 세탁소에 아웃소싱(outsourcing)을 통하여 관리하기도 한다.

세탁실의 조직

세탁실의 조직은 호텔의 규모에 의하여 달라질 수 있는데, 일반적으로 라운드리 책임자(laundry manager)하에 세탁자(washer), 대형 세탁물을 기계로 다리는 롤러(roller), 드라이크리닝(dry cleaning) 담당자, 손 다림질을 하는 프레싱(pressing) 담당자, 배달담당자(delivery man) 등으로 구성되어 있다.

라운드리 지배인의 업무

라운드리 지배인(laundry manager)은 세탁소 운영을 책임지고 관리하는 직원으로서 룸 메이드가 객실 투숙객으로부터 수거해 온 세탁물을 혼동되지 않도록 잘 분류하고, 어떤 세탁방법을 사용해야 하는지(물세탁, 드라이크리닝, 프레싱) 작업방법을 파악하여 담당자에게 전달하고 완료될 때까지 감독을 한다. 따라서 라운드리 지배인은 세탁 및 섬유에 대한 전문지식을 갖추고 있어야 하며, 세탁기계의 유지 및 수리관리까지도 담당해야 한다.

고객의 세탁물에 대해서는 오전 10까지 수거된 세탁물은 고객의 별다른 요구가 없는 한 당일 서비스를 원칙으로 하여 오후 6시까지는 배달해야 하고, 고객으로부터 빠른 서비스(special service)를 요구받았을 때는 세탁요금에 가산료가 붙는다고 안내를 한 다음 원하는 시간 내에 신속하게 처리해 준다.

호텔 내 세탁실(laundry)

연습문제 **호텔관련 종사원 자격시험 대비**

1. 하우스키핑의 업무가 아닌 것은?

① 객실 청소 ② 종업원 유니폼 관리
③ 호텔 내 부대시설 청소 ④ 주방기물 관리

2. 하우스키핑 오더 테이커의 업무가 아닌 것은?

① 린넨 관련 전표 관리 ② 소모품 입출고 장부 관리
③ 룸 서비스 주문 접수 ④ 분실물 습득대장(lost & found)

3. 룸 메이드의 기본적인 업무가 아닌 것은?

① 고객 세탁물 수거 ② 객실 및 욕실 청소
③ 룸서비스 기물 수거 ④ 베드 메이킹

4. Due Out이란?

① 예약 기간 동안만 투숙하고 떠남
② 예약기간을 연장함
③ 예약을 하였으나 체크인을 하지 않음
④ 체크아웃을 연장함

5. 취침 직전에 간단한 청소 · 정리정돈 · 침대정리 등 취침준비작업 서비스를 무엇이라고 하는가?

① turn down service ② turnaway service
③ valet service ④ room service

6. 호텔에서 고객이 베이비 시터(baby sitter)를 요청할 경우 주로 누가 담당하는가?

① duty manager ② house man
③ room inspector ④ room maid

7. 객실 내의 어메니티(amenity)란?

① 미니바의 품목 ② 호텔 안내물
③ 욕실 내 용품 ④ 옷장 내 용품

8. 일반적으로 룸 메이드 한사람이 하루 8시간을 기준으로 객실을 정비할 수 있는 숫자는?

① 9~11실 ② 12~15실
③ 16~19실 ④ 20~23실

9. 'baby crib' 또는 'baby cot'란?

① 유아용 침대 ② 유아용 의자
③ 유아용 욕실용품 ④ 유아용 비치용품

10. 객실 내 분실물을 보관 및 처리하는 곳은?

① front desk ② housekeeping
③ laundry ④ bell desk

11. 나이트 테이블(night table)이란?

① 야간 식사 테이블
② 조명, 온도, 음악 등을 조절할 수 있는 테이블
③ 커피 또는 티를 마실 수 있는 테이블
④ 가방을 올려놓을 수 있는 테이블

12. 린넨(linen)의 적정재고 유지를 위한 기준이 아닌 것은?

① 침대 수 ② 객실이용률
③ 린넨의 수명 ④ 분실

13. 다음 중 가장 수명이 긴 린넨은?

① 얼굴수건 ② 발수건
③ 베개카바 ④ 침대시트(sheet)

14. 룸 메이드가 하기 힘든 일을 도와주는 역할을 하는 사람은?

① bell man
② house man
③ room inspector
④ porter

15. laundry란?

① 룸 메이드 대기실
② 린넨 보관실
③ 호텔 내 세탁실
④ 유니폼 보관실

제8장

객실판촉 실무

Front Office & Housekeeping

제8장

객실판촉실무

1. 객실판촉의 개요

1.1 객실판촉의 의의

호텔에서 세일즈(sales)와 마케팅(marketing)을 담당하는 부서를 판촉(판매촉진)부라고 한다. 판촉부는 상품기획에서부터 판매 및 촉진활동을 한다는 점에서 호텔의 중추적인 역할을 담당하고 있다. 마케팅 업무는 시장조사 및 분석, 영업분석 등을 통하여 호텔의 경영목표를 달성하기 위한 방향을 제시하고 이에 따른 상품기획, 요금, 유통, 촉진 등의 전략 수립하는 것이며, 세일즈 업무는 마케팅 전략에 따라 고객과 직접 접촉하여 상품을 설명하고 판매하는 역할을 한다.

호텔의 판촉부는 크게 객실판촉, 연회판촉, 마케팅실, 홍보실 등으로 조직되어 있다. 여기서 객실판촉은 객실부서와 연관이 되어 있으며, 대부분 객실부서 출신이 객실판촉을 담당하고 있다. 호텔이 유지되기 위해서는 끊임없이 호텔상품을 판매해야 한다. 판매 없는 사업은 없다(no sales, no business). 그냥 앉아서 고객이 오기만을 기다릴 수는 없는 것이다. 고객을 지속적으로 창출하고 유지시키는 것이 판촉부의 업무이다. 특히 호텔의 주력상품은 객실이라는 점에서 객실판촉의 중요성이 있다고 할 수 있다.

1.2 객실판촉의 환경

오늘날 고객의 욕구를 충족시켜주고, 경쟁호텔보다 상품을 더 팔고, 고객을 더 획득하려는 생존경쟁은 호텔기업 간의 판촉 전쟁이라고 할 수 있다. 그리고 한정된 시장하에서 고객획득만으로는 한계가 있으므로 자사의 고객을 지속적으로 유지하고 관리하는 것이 필요한데 이러한 것도 판촉의 일환이다.

호텔업계 전체가 성장하고 있을 때는 시장점유율을 위해 경쟁을 하지 않더라도 매출을 신장시킬 수 있지만 일단 시장의 성장이 멈추면 경쟁이 심화되고 업계 전체의 이익이 감소하는 성숙기현상이 발생하는데, 호텔 성숙기 시장의 특징은 다음과 같다.

- 신규고객보다 고정고객의 확보가 요구된다.
- 고객이 요금에 민감해진다.
- 경쟁사와 서비스 내용이 비슷해진다.
- 고객의 서비스수준이 높아진다.
- 특정 호텔에 대한 애호도가 점점 떨어진다.
- 고객이 더욱 많은 부가서비스를 요구한다.
- 마케팅비용이 높아진다.

이와 같이 성숙기의 호텔기업은 경쟁호텔과 고객으로부터 많은 도전을 받고 있다는 점에서 고객창출 및 유지를 위한 객실판촉의 노력이 요구된다.

2. 객실판매촉진

2.1 객실판매촉진의 의의

판매촉진(sales promotion)이란 광고, 홍보, 인적판매 등을 제외한 고객의 구매나 유통업자의 효율성을 자극하는 마케팅 활동으로서 단기간에 상품을 인지시키거나 판매의 달성을 목적으로 실시되는 촉진활동을 말한다. 판매촉진의 목적은 인센티브를 통하여 유통업자, 판매원에게 동기를 부여하거나 고객에게는 직접적으로 구매를 유인하는 것이라고 할 수 있다. 결국 판매촉진은 자사의 상품을 인지시키고 구매를 유인하는 수단으로서 광고와 인적판매의 중간적인 성격을 가지고 있다. 구체적인 판매촉진의 수단으로는 할인, 쿠폰, 경품제공, 마일리지, 관광전, 팸 투어, 판매경연, 시음 · 시식(식음료 경우) 등의 이벤트를 들 수 있다.

호텔객실 판매촉진의 수단은 다양한데, 대표적인 수단으로는 ① 패키지상품 개발, ② 부커 클럽 운용, ③ 팸 투어 등이 있다.

2.2 패키지상품 개발

패키지상품의 개요

객실은 고정상품이라는 점에서 객실자체 단독상품을 판촉하기에는 한계가 있다. 따라서 객실을 다른 상품과 연계하여 패키지상품을 만들어 고객을 유도하는 것이 요구된다. 패키지(package)상품이란 기획상품으로서 여러 개의 단위 상품을 하나로 묶어 하나의 요금으로 판매하는 상품을 말한다. 호텔의 가장 대표적인 패키지상품으로는 객실에 조식 및 사우나 등을 묶어 하나의 요금으로 판매하는 것을 들 수 있다. 따라서 패키지상품은 고객에게 규모의 이익을 주는 것인데, 즉 객실, 조식, 사우나를 각각 구매하였을 때는 요금이 비싸지만 패키지로 이용하게 되면 상대적으로 저렴하다는 것이다. 호텔의 입장에서 패키지상품은 결국 고객을 유인하는 판매촉진의 일환인 것이다.

[그림 8-1] 패키지상품의 예

단위 상품의 요금

- 객실(1박) : 250,000원
- 조식(1인) : 30,000원
- 사우나(1인) : 8,000원

➡

패키지상품의 요금

250,000원

(객실+조식 2인+사우나 2인 포함)

패키지상품 개발 원칙

패키지상품을 개발할 때는 판매의 효율성을 위하여 다음과 같은 원칙을 준수해야 한다.

- 수요를 유인 또는 자극할 수 있도록 구성해야 한다.
- 고객에게 가치 또는 묶음에 대한 혜택을 줄 수 있어야 한다.
- 단위 서비스요소들이 조화를 이루어야 한다.
- 묶음의 제공요소가 자세하게 설명돼야 한다.
- 패키지상품의 유효기간 내에는 요금변동 불가의 원칙이 적용되어야 한다.

패키지상품의 종류

객실과 관련하여 호텔의 패키지상품은 호텔의 위치, 즉 도심지호텔이냐 리조트호텔이냐에 따라 그리고 호텔의 시설 등과 관련하여 구성된다. 일반적으로 객실과 관련된 패키지상품의 종류는 다음과 같다.

- Summer Package 여름철 수영장 또는 해수욕장과 연계한 상품
- Winter Package 겨울철 비수기 타개를 위한 상품

- Honeymoon Package 신혼여행객을 대상으로 한 상품
- Biz Package 회의실 및 회의기자재 등의 사용과 관련된 상품

2.3 부커클럽 운용

부커클럽(booker club)이란 호텔예약을 담당하는 거래처 비서들의 모임으로서 호텔에서는 국내 및 외국인 기업체 객실고객의 판촉활성화를 위하여 이들의 모임을 만들어 각종 파티의 개최, 야유회 실시, 실적에 따른 연말 인센티브 제공 등을 통하여 지속적인 관리를 하고 있다.

관광목적 고객의 호텔 선택은 여행사에 달려 있지만, 비즈니스 고객의 경우 상당수는 비서들이 예약을 대신해 주고 있다. 즉 객실매출의 상당량이 비서들의 마음먹기에 달려 있는데 비서들이 어느 호텔로 예약을 하느냐에 따라 객실매출이 달라지기 때문이다. 따라서 판촉의 타깃은 비즈니스맨이 아니라 비즈니스맨을 수행하는 비서라는 말이 나돌 정도로 비서들의 역할이 중요시되면서 호텔마다 부커들을 위하여 갖가지 판촉활동을 하고 있다.

결국 부커클럽(또는 비서클럽)이란 비서 자신이 속한 기업이나 파트너 기업의 비즈니스맨을 특정 호텔에 지속적으로 송객해주고 호텔은 이들 비서들에게 일정한 혜택을 줌으로써 상호 이익을 추구하자는 제도인데 호텔 측에서 이를 관리하고자 만든 사교모임이라고 할 수 있다. 각 호텔의 부커클럽은 대체적으로 1박당 포인트제를 실시하여 일정 수준에 이르면 그에 상응하는 상품을 제공하고, 특정한 날에 부커들을 초청하여 파티를 열어주거나 야외 레크리에이션은 물론 다양한 이벤트행사를 갖기도 한다.

부커클럽의 선두주자는 하얏트호텔로서 1974년부터 운영하였는데 그 명칭은 '프라이빗 라인(private line)' 즉 전용회선이라는 뜻이다. 이후 80년

대 말부터 각 호텔에서는 마케팅 차원에서 그 중요성을 인식되어 대부분의 비즈니스 호텔에서 운영하게 되었다.

[표 8-1] **서울지역 주요 호텔의 부커클럽**

호텔명	클럽명	실시연도
하얏트	프라이빗 라인(Private Line)	1974
신라	바스클럽(Bas Club: Booking At Shilla Club)	1984
르네상스	앙코르클럽(Encore Club)	1988
롯데	샤롯데클럽(Char Lotte Club)	1989
힐튼	탑 키클럽(Top Key Club)	1992
조선	텔레조이(Telejoy Club)	1993
노보텔	앙뜨레 누(Entre Nous Club)	1993
워커힐	아이티티 쉐라톤 초이스(ITT Sheraton Choice)	1995
리츠칼튼	라-넷(La-Net)	1997

2.4 팸 투어

팸 투어(Fam. Tour : Familiarization Tour)란 시찰초대여행으로서 관광상품을 직접 판매하는 거래선의 직원을 초청하여 자사의 관광상품을 설명하고 접대하여 친밀감을 느끼게 만드는 일종의 상품설명회 및 접대성의 여행을 말하며, 비용은 대부분 무료이거나 저렴하게 실비만 받는 경우도 있다. 따라서 관광목적지의 마케터들은 자사의 상품을 판매촉진하는 목적으로 할인, 쿠폰, 이벤트의 기획은 물론 관광전에 참가하거나 팸 투어를 통하여 거래선인 여행알선업체에게 인쇄 홍보물, 비디오 자료 등을 제공하고 자사 상품의 설명회를 갖는 등 일련의 판매촉진활동을 전개하고 있다.

호텔의 팸 투어 경우 여행사 등 자사의 호텔에 예약을 해주는 주요 거래선의 직원을 무료 또는 실비로 초청하여 객실상품에 대한 설명회를 갖고, 숙식 제공 및 관광과 여흥을 제공하여 친밀감을 유지하기 위하여 노력하고 있다.

3. 세일즈 콜

3.1 세일즈 콜의 개요

세일즈 콜(sales call)이란 호텔의 상품이나 서비스를 판매하기 위하여 고객을 방문하는 것을 말한다. 세일즈 콜을 훌륭하게 수행하기 위해서는 ① 방문목적(purpose)이 뚜렷해야 하고, ② 모든 방문은 계획(panning)에 의하여 진행되어야 하며, ③ 상품설명(presenting)에 대한 스킬(skill)을 소유하고 있어야 하고, ④ 고객을 잘 설득(persuading)하여 자사의 고객으로 유도해야 한다.

결국 객실판촉을 향상시키기 위해서는 세일즈 콜을 체계적으로 실시해야 하는데, 객실판촉 직원 간에 거래선이 중복되지 않도록 다음과 구분하여 세일즈 콜을 하거나 관리를 하고 있다.

[표 8-2] 객실판촉의 거래선 구분

거래선	내 용
국내 기업체(corporate)	기업체 임직원, 출장직원, 바이어 등의 고객
외국인 기업체 (foreign company)	한국지사, 사무소, 대리점 등에 근무하는 외국인 장기투숙객 및 출장직원 등
국내여행사	허니문 고객
인바운드(In-bound)	여행사 : 외국인 단체관광객
항공사	승무원 등
관공서	관공서 직원들의 출장

3.2 객실판촉을 위한 사전 업무

객실판촉을 위한 세일즈 콜을 나가기 전에 객실과 관련된 다양한 정보와 지식의 습득을 습득하고 있어야 한다. 또한 호텔의 내 시설현황을 숙지하고, 객실상품 외 호텔에서 판매되고 있는 각종 상품 및 서비스에 대해서도 지식을 습득하고 있어야 한다. 호텔의 판촉직원은 호텔을 대표하여 호텔 내 · 외부에서 고객을 접촉하므로 항상 깔끔한 용모와 정장차림의 복장을 유지하여야 한다. 특히 능동적이고 긍정적인 사고를 통하여 판매에 대한 확신과 믿음을 가지고 있어야 하며, 또한 첫인상을 좌우할 수 있는 세련된 매너를 습득하여 자신감과 안정적인 모습을 견지해야 한다. 객실판촉을 위한 세일즈 콜의 구체적인 사전업무는 다음과 같다.

세일즈 콜 계획서 작성

주별, 월별 방문계획서를 작성하고, 판촉대상을 업종별, 지역별로 분류하여 코스를 선정한다. 방문하기 전에 사전 약속을 하고, 거래선을 ABC 등급으로 나누어 방문횟수를 결정한다.

세일즈 키트 준비

세일즈 키트(sales kit)란 각종 인쇄 홍보물을 보기 좋게 담을 수 있도록 두꺼운 종이로 된 폴더를 말한다. 세일즈 키드 속의 들어갈 홍보물은 다음과 같다.

- **호텔 브로슈어(hotel brochure)** 호텔의 시설 전반을 소개한 인쇄물
- **팩시트(fact sheet)** 호텔의 개요 및 시설을 한 장에 소개한 인쇄물
- **컨벤션 및 연회 브로슈어(convention & banquet brochure)** 회의나 연회장의 규모, 시설 등을 상세히 소개한 인쇄물
- 패키지상품 안내서

• 식음료업장 프로모션(promotion) 상품 안내서

• **헬스클럽 브로슈어(health club brochure)** 헬스클럽의 시설이나 회원 가입에 관한 안내가 소개된 인쇄물

• 유료회원 가입 안내서

• 객실요금표(room tariff)

• **뉴스레터(news letter)** 매월 또는 격월로 발행되는 호텔 소식지

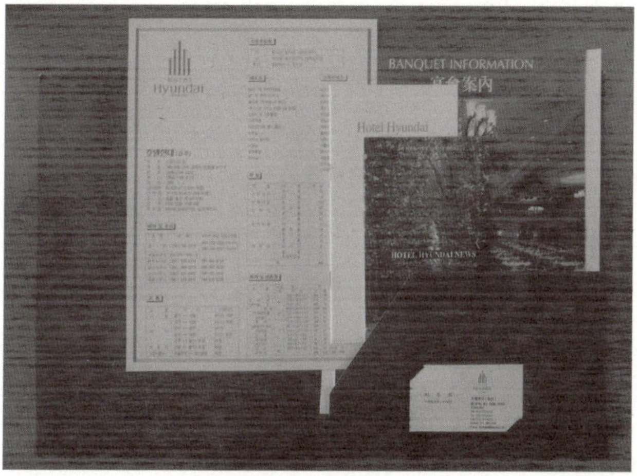

세일즈 키트(sales kit)

판촉물 및 기타 준비물

호텔 판촉물(giveaway), 명함, 필기도구, 각종 서류를 넣을 수 있는 가방을 준비한다.

3.3 방문 현장에서의 업무

방문 현장에서는 고객과 상담을 하거나 상품을 프레젠테이션하는 업무를 수행한다. 고객 앞에서의 훌륭한 프레젠테이션은 비즈니스를 성공적으로 이끄는데 결정적 역할을 한다. 사전에 철저한 준비와 프레젠테이션 스

킬(presentation skill)을 연마하고 에티켓을 익혀둠으로써 비즈니스를 성공적으로 이끌어야 할 것이다.

상담 준비

상담에 필요한 서류를 순서대로 재확인하고 상담의 구체적인 목표와 주제를 요약하고 정리해 둔다. 시청각 도구가 필요할 경우 사전에 리허설을 하고 예상 질문에 대한 답변도 사전에 준비한다.

프레젠테이션 방법

프레젠테이션을 할 때는 원고를 줄줄이 읽지 말고 핵심을 이야기하면서 주제를 일관되게 견지해야 한다. 때로는 예와 비유를 활용하는 것도 좋은 방법이며, 특히 적절한 제스처와 말의 톤을 중요한 대목에서는 강하게 하는 등 리듬을 줌으로써 상대방을 지루하게 해서는 안 된다.

프레젠테이션은 ① 소개(introduction), ② 개요 설명(overview), ③ 본문 설명(main body of the presentation), ④ 요약(summary), ⑤ 질의 · 응답(question and answer) 등의 순으로 진행한다.

상담 포인트

- 약속된 시간 정시에 시작한다.
- 목표를 분명히 한다.
- 상담에 들어가기 전에 날씨 등을 주제로 분위기를 부드럽게 만든다.
- 고객 입장을 경청하고 긍정적인 자세를 견지한다.
- 감성에 호소하기보다는 논리적이어야 한다.
- 상담이 끝나게 되면 내용을 요점 정리한다.
- 적절한 질문기법을 통해서 고객의 니즈(needs)를 파악해야 한다.
- 최종적으로 합의된 사항은 문서화한다.

상담 에티켓

- 인사가 끝나자마자 곧바로 본론으로 들어가지 않는다.
- 상대방 말을 모두 메모하지 않아야 한다. 그렇게 되면 상대방이 본심을 털어 놓지 않을 수도 있다.
- 상대방이 말하는 도중에는 끼어들지 않는다.
- 대화 중에 자기들끼리 입을 가리고 소곤거리는 것은 좋지 않다.
- 자신의 의사를 전달할 때는 핵심사항을 간결하고 쉽게 표현한다.
- 대화 중에는 상대방의 눈을 응시해야 한다.
- 칭찬을 고맙게 받아들이고 칭찬을 할 줄도 알아야 한다.
- 외국인과 대화를 할 때는 표정을 어느 정도 과장하는 것이 좋다.
- 상대방의 라이프 스타일에 관심을 보인다.
- 담배는 사양해도 예의에 어긋나지 않는다.
- 적절한 제스처와 바디 랭기지의 구사는 물론 이해할 줄도 알아야 한다.

3.4 사후업무

현장에서의 세일즈 업무가 끝나면 사무실에 돌아와서 명함이나 파일 등의 서류를 정리하거나 리포트를 작성하는 등 사후업무에 임해야 한다.

세일즈 콜 리포트(sales call report) 작성

세일즈 콜의 결과를 일정한 양식에 의하여 요점을 기록하고 향후 재방문 등의 계획을 수립한다.

견적서 및 계약서 작성

현장에서 협의가 된 사항을 토대로 견적서 또는 계약서를 만들어 재방문 시 전달하거나 긴급할 경우 팩스나 e-mail로 송부한다. 거래처의 규모가 크고, 객실의 소비량이 많을 경우 객실판촉 담당자인 자신의 명의보다 총지배인의 명의로 견적서를 보내는 것이 좋다. 다음은 영문견적서를 작성하는 원칙이다.

- 수신인의 성명과 주소는 발신일자 3줄 정도 아래 왼쪽에서부터 적어나가되 중앙선을 넘지 않아야 하고 성명을 포함하여 6줄 이내로 해야 한다. 첫째 줄에는 수신인의 존칭과 성명을 적고, 둘째 줄에는 직함, 셋째 줄에는 직장명, 넷째 줄에는 직장주소를 적는다.
- 머리말의 시작은 수신인의 주소로부터 2줄 아래에서 쓰며, 수신자의 경칭으로부터 시작한다.
- 본문은 머리말 2줄 아래부터 쓰는데 문단이 바뀔 때는 1칸을 띄우고 시작한다.
- 본문이 한 장에 끝났다고 다음 장에 맺는말만 쓰지 않는다. 이럴 경우 본문의 2행 정도를 다음 장에 넘겨서 맺는말을 써야 한다.
- 본문은 최초 2~3행에서 용건을 분명히 밝히고 하나의 문장은 20단어가 넘지 않도록 가능한 단문 형태가 좋다.
- 견적내용의 분량은 가능한 1장을 넘기지 않는 것이 좋으며 불가피한 경우에 2장을 넘지 않아야 한다. 추가 자료는 첨부로 처리한다.
- 맺음말인 끝인사말은 본문으로부터 2줄 아래에 쓰는데 일정한 어구가 있으며, 격식에 따라 다음과 같이 다양한 표현이 있다.

[표 8-3] 맺음말의 표현

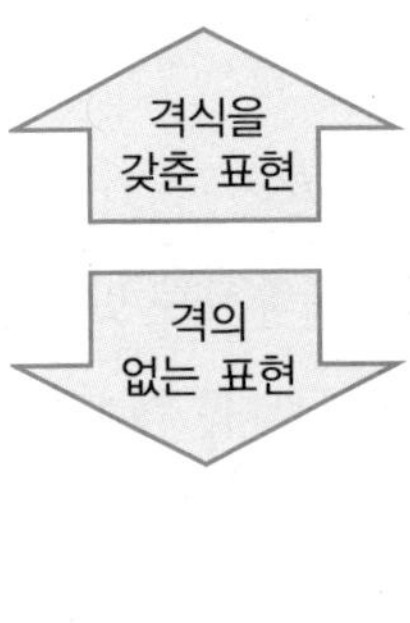

Respectfully yours
Yours truly, Very truly yours
Yours sincerely
Yours cordially
Best wishes, Best regards, Regards

• 서명을 하고자 서명할 공간을 주기 위하여 4줄 이상 아래에 발신인의 이름과 직책, 직장명을 기입하는데 발신일자 선과 수직으로 맞춘다. 서명은 자필로 하는 것으로 견적 내용에 대하여 모든 책임을 지겠다는 의미가 내포되어 있다. 서명을 할 때는 풀 네임을 적어야 한다.

영문견적서의 예

March 11, 2015

Mr. Hasebe Kazuya
Direct Manager
Japan Airlines
69, 6-Ka, Joongang-dong Joong-Ku
Busan, Korea

Dear Mr. Hasebe Kazuya

First of all, thank you very much for your support of the Hyatt Regency Pusan.

With regards to your crews accommodations, we are delighted to quote the following special offer :

Room : ₩150,000 per room(single or twin)
Meal : ₩30,000 for a breakfast buffet at the cafeteria
The above rates are subject to 10% service charge and 10% tax.

Again, we really appreciate your continued support, and look forward to welcoming your crews to the Hyatt Regency Busan.

Yours Sincerely

Anthony J. May

Anthony J. May
General Manager
Hyatt Regency Busan

로스트 비즈니스 리포트(lost business report) 작성

객실의 시설 및 수량, 요금 그리고 기타 서비스 등의 사유로 인하여 계약을 성사시키지 못하고 경쟁호텔이 선정되었을 때는 그 사유를 적어 부서장에게 보고하여 향후 적절한 대응책을 마련할 수 있도록 한다.

감사의 편지(Thank you letter) 및 전화

객실을 사용한 거래고객에게 감사의 편지를 보내거나 전화로 감사의 인사말을 전하면서 소감을 피드백하여 향후 판촉전략에 반영한다.

4. 관계마케팅

4.1 관계마케팅의 의의

관계마케팅(relationship marketing)이란 고객과의 거래관계가 아니라 기존고객을 파트너의 관점에서 관계를 지속적으로 유지하여 장기적으로 기업과 고객 모두에게 이익을 보호하자는 개념이다. 즉 단기적인 실적보다는 고객과의 장기적인 관계를 유지함으로써 자연스럽게 수익을 창출하여 고객과 서비스기업이 함께 하는 동반자(partnership)적 관계를 구축하는 것을 말한다.

호텔의 객실 시장이 성숙기에 접어들고 경쟁이 치열해짐에 따라 각 기업은 한정된 시장에서 점유율을 높이기 위해 고객과의 관계를 중요시하게 되었는데 이러한 접근 방법이 관계마케팅(relationship marketing)이다. 종전의 마케팅은 고객과의 일회성 또는 교환이 중심이었으나 관계마케팅은 신규고객의 획득보다는 기존고객의 유지와 향상에 초점을 두고 유대관계를 강화함으로써 고객과의 거래나 교환이 장기적으로 지속되어 기업과 고객 모두에게 이익을 보호하자는 개념이다.

4.2 관계마케팅의 효과

구매의 증가 및 시장점유율 유지

특정 서비스기업의 단골고객은 서비스품질에 불만족하지 않는 한 지속적으로 거래하기를 원하기 때문에 관계마케팅은 결국 구매를 증가시킬 뿐만 아니라 고정고객을 확보함으로서 최소한의 시장점유율을 유지해준다. 예를 들어 호텔에서 애호고객에게 "당신의 결혼기념일이 다가오고 있습니다" 또는 "당신의 결혼기념일 축하드립니다"라는 내용의 D.M을 보내게 되면 그 고객은 결혼기념을 리마인드하여 다시 방문하게 될 것이다.

마케팅비용의 절감

신규고객을 유치하기 위해서는 초기 마케팅비용이 많이 들지만 기존고객과의 지속적인 관계를 유지하는 비용은 시간이 지남에 따라 점점 낮아지는 경향이 있다. 따라서 관계마케팅은 장기적으로 마케팅 비용을 최소화할 수 있는 효과가 발생한다.

구전을 통한 무료광고

고객과의 관계가 잘 유지되면 고객 자신의 호텔서비스경험을 잠재고객들에게 전파하는 등의 구전을 통한 무료광고의 효과를 기대할 수 있다. 특히 호텔객실상품은 구매 전에 품질을 테스트해 볼 수 없다는 점에서 구전만큼 좋은 광고는 없는 것이다.

고객 만족 서비스 가능

관계마케팅은 현존 고객의 구매패턴과 전반적인 관계의 파악이 용이하고, 고객의 구체적인 욕구에 대응하기가 수월해질 뿐만 아니라 쌍방향 의사소통도 가능하여 고객만족 서비스를 가능하게 한다.

4.3 관계마케팅의 전략

관계혜택을 구축하라

과거에는 판매자와 구매자와의 관계를 이기고 지는 Win-Lose 관계였다면 관계마케팅에서는 모두가 승리하는 Win-Win전략의 구축이 요구된다. 호텔의 관계마케팅은 호텔이 일방적으로 고객으로부터 장기적인 거래에 의한 이점을 일방적으로 받는 것이 아니라 호텔도 고객에게 상응한 보상을 해 주어야 한다. 즉 호텔과 고객 간에는 상호 이익을 주고받는 관계혜택(relational benefits)이 발생되어야 한다.

이와 같이 호텔이 고객에게 제공할 수 있는 관계혜택은 직접혜택과 간접 혜택으로 나눌 수 있다. 직접혜택이란 고객의 장기적인 거래에 대한 실질적인 보상으로서 구체적인 수단으로는 할인쿠폰의 발급, 무료사용권 및 초대권 제공 등과 같이 특별대우를 해 주는 것을 말한다. 간접혜택은 사회적 혜택과 심리적 혜택으로 구분한다. 사회적 혜택이란 친밀감이나 우정의 표시, 동반자(partnership) 관계라는 인식의 전달 등을 들 수 있다. 그리고 심리적 혜택은 고객에게 편안함이나 신뢰감의 제공 등이라고 할 수 있다.

[표 8-4] 관계혜택의 분류

<table>
<tr><th colspan="2">구분</th><th>내 용</th></tr>
<tr><td colspan="2">직접혜택</td><td>할인쿠폰의 발급, 무료사용권 및 초대권 제공 등과 같은 특별대우</td></tr>
<tr><td rowspan="2">간접혜택</td><td>사회적 혜택</td><td>친밀감이나 우정의 표시, 동반자(partnership) 관계라는 인식의 전달 등</td></tr>
<tr><td>심리적 혜택</td><td>편안함이나 신뢰감의 제공 등</td></tr>
</table>

범위의 경제를 추구하라

전통적인 마케팅 차원에서 대량생산, 대량판매에 의한 규모의 경제(economy of scale)를 추구하는 것이 아니라 장기적인 거래에서 파생되는 수익 즉 범위의 경제(economy of scope)를 추구해야 한다.

시장점유율에서 고객점유율로 전환하라

마케팅에 대한 성과 지표를 시장점유율에서 고객점유율로 바꾸어야 한다. 고객점유율이란 한 고객의 거래총액이 특정회사가 차지하는 비중을 말하는 것으로 장기적인 거래의 성과에서 가능한 것이다.

고객의 데이터베이스를 축적하라

고객 정보의 데이터베이스화 즉 인구통계학적인 부문, 구매행동, 매출액, 기호 등의 자료는 그들에게 서비스욕구를 충족시켜주고, 보다 고객화된 서비스를 지향할 수 있는 수단이 된다. 결국 데이터베이스의 활용은 기존고객 및 잠재고객 가운데서 가장 고객가치가 높은 고객을 발견해 내고, 이들의 특성을 알아내어 그에 맞는 서비스를 제공함으로써 관계를 장기적으로 지속시키고자 하는 전략이라고 할 수 있다.

고객과의 관계를 모니터링하라

고객과의 관계가 지속적으로 잘 유지되고 있는지, 불만족하여 타 경쟁업체로 옮겼는지 등을 조사하고 분석해야 한다. 객실분야에서 고객이 타 호텔로 옮기는 사유는 다음과 같다.

- 시설의 노후화 및 보수노력의 부족
- 불친절한 응대
- 가치획득보다 높은 요금

- 불만, 불평처리 미흡
- 경쟁사의 유인
- 호텔의 비윤리적 행위

고객의 전환비용을 높여라

전환비용(switching costs)이란 타 업체로 옮기는데 들어가는 비용을 말한다. 이러한 전환비용이 높다면 타 업체로 옮기는 것을 주저할 것이다. 예를 들어 객실이용 실적에 따른 마일리지 및 보상 프로그램을 마련하는 것을 들 수 있다. 즉 연간 객실 사용 실적에 따라 무료숙박권 제공 등 보상 프로그램이 있다면 그 동안의 실적을 버리고 타 호텔로 옮기려고 하지 않는다는 것이다. 또한 각종 기념일에 케익을 제공하거나 단골 거래 고객을 대상으로 커뮤니티 활동 공간을 제공하는 것도 들 수 있다. 그 외 정기적으로 단골 거래 고객을 초대하여 디저트 만들기, 와인시음, 기타 문화행사 등의 프로그램을 만들어 준다면 전환비용을 높여 줄 것이다.

4.4 고객관계관리 전략

고객관계관리의 개요

관계마케팅의 일환인 고객관계관리(CRM : Customer Relationship Management)란 선별된 고객 즉 우수고객으로부터 지속적인 수익창출을 유도하고 장기적으로 고객관계를 가능하도록 관리하는 것인데 결국 고객과 관련된 기업의 내·외부 자료를 분석하고 통합하여 각 고객 특성에 기초한 마케팅 활동을 계획하고 지원하는 과정이다. 이른바 고객 맞춤식 서비스를 제공하는 것이다.

호텔은 어느 업종보다 이용계층이 한정되어 있고 이들에 의한 매출효과가 극명한데 즉 VIP로 분류되는 우수고객들이 매출에 차지하는 비중은 대략 20% 이상을 상회하는 것으로 알려져 있다. 이러한 이치는 결국 19세기 이탈리아 경제학자인 파레토(Pareto)가 주장한 80/20의 법칙에 적용되는 것이다. 예를 들어 호텔의 80% 매출은 20%의 고객에서 창출된다는 것이다. 따라서 호텔에서는 80%의 매출을 올려주는 20%의 고정고객을 위한 고객관계관리가 요구된다. 호텔에서 고객관계관리의 주요 대상은 유료 VIP 회원, 피트니스(fitness) 멤버, 호텔 간 제휴 멤버십 회원 등이 있으며, 이들 고객에게 객실판촉을 하기 위해서는 텔레마케팅, DM, 뉴스레터, E-mail 등의 수단으로 관리해야 한다.

CRM의 효과

CRM은 고객과의 우호적인 관계를 구축함으로써 장기적인 측면에서 수익 향상을 가져다준다. 즉 CRM은 ① 고객 수의 증대, ② 고객 생애가치의 증대, ③ 고객확보 및 유지비용 감소의 효과를 가져다준다. 고객 생애가치(LTV : Life time value)란 고객 한 사람이 평생 자사의 상품만을 구매했을 시에 자사에게 기여한 이익을 의미한다. 결국 CRM은 수익성이 높거나 가능성이 있는 고객에게는 더 많은 혜택을, 그렇지 않은 고객에게는 적은 혜택을 제공하여 그 결과 수익성이 낮은 고객의 유지비용을 절감시키고, 전체 매출액당 유지비용을 감소하게 하는 전략이라고 할 수 있다.

CRM의 전략

CRM의 구체적인 전략은 다음과 같다.

- 고객의 기호와 개인욕구를 데이터베이스화하라.
- 맞춤식 서비스를 지향하라.
- 호텔서비스상품 개발 및 생산단계에서 고객을 참여시켜라.
- 고객접점 서비스에서 종업원의 임파워먼트(empowerment)를 강화하라.

- 기존고객과의 관계 유지에 주력하라.
- 기존고객을 접할 때 성함과 직함을 불러라.
- 기존고객에게 메일이나 안내문을 보낼 때 이름을 명기하라. 즉 개별마케팅을 지향하라.

[그림 8-2] 대중마케팅과 개별마케팅 예

대중마케팅	개별마케팅
존경하는(친애하는) 고객님! Dear Customs(Friends)!	존경하는(친애하는) 홍길동 고객(또는 직함)님! Dear Mr. Gil-dong Hong!

사례 ▶ 리츠칼튼 호텔의 CRM

세계적으로 명성이 높은 리츠칼튼 호텔은 고객에게 규격화된 획일적 서비스를 제공하는 것이 아니라 고도로 차별화된 개별적 서비스를 제공하는 것으로 유명하다. 그 이유는 '고객 인지프로그램' 때문이다. 모든 리츠칼튼 호텔에는 한두 명의 고객 코디네이터(guest recognition coordinator)가 근무하고 있다. 이들은 호텔에 머무르는 고객의 개인적 취향에 대해 조사하고 고객별로 차별화된 서비스를 제공하기 위하여 노력하고 있다. 예약고객의 명단이 입수되면 리츠칼튼 체인호텔이 저장해 놓은 고객이력 데이터베이스에 접속하여 그들의 기호를 확인한다.

예를 들어 투숙예정 고객이 과거에 체인 내 어떤 호텔에 투숙하였을 때 아침 일찍 특정 신문을 넣어달라고 부탁한 적이 있다면 별도의 요청이 없더라도 이 고객이 머무는 객실에는 그 신문이 새벽에 배달된다. 그리고 모든 종업원은 고객취향수첩을 들고 다니면서 고객의 특징을 수집한다. 예를 들어 룸 메이드 객실정리를 하다가 테니스 라켓과 신발을 보았다면 고객 코디네이터에게 전달되고, 이를 전달받은 코디네이터는 테니스장 개방시간과 이용안내에 대한 정보를 담당 직원에게 전달하라고 하고 전한다. 또한 이 정보는 고객 테이터베이스에 입력하게 되고, 전 리츠칼튼 체인에는 이 정보가 공유하게 된다.

연습문제 **호텔관련 종사원 자격시험 대비**

1. 호텔 성숙기 시장의 특징이 아닌 것은?

① 고정고객보다 신규고객의 확보가 요구된다.
② 고객이 요금에 민감해진다.
③ 경쟁사와 서비스 내용이 비슷해진다.
④ 특정 호텔에 대한 애호도가 점점 떨어진다.

2. 패키지상품의 개발원칙이 아닌 것은?

① 고객에게 가치 또는 묶음에 대한 혜택을 줄 수 있어야 한다.
② 유효기간을 설정하지 않는 것이 바람직하다.
③ 단위 서비스요소들이 조화를 이루어야 한다.
④ 묶음의 제공요소가 자세하게 설명되어져야 한다.

3. 부커 클럽(booker club)이란?

① 단골고객의 모임
② 예약실 직원들의 모임
③ 호텔예약을 담당하는 거래처 비서들의 모임
④ 호텔 내 도서관

4. 팩시트(fact sheet)란?

① 호텔의 시설 전반을 소개한 책자형 인쇄물
② 객실요금표
③ 뉴스레터
④ 호텔의 개요 및 시설을 한 장에 소개한 인쇄물

5. 관계마케팅의 효과가 아닌 것은?

① 구매의 증가 및 시장점유율 유지
② 마케팅비용의 절감
③ 구전을 통한 무료광고
④ 신규고객의 급증

6. 고객이 타 호텔로 옮기려 할 때 전환비용(switching costs)을 높이는 전략이 아닌 것은?

① 단골고객에게 각종 기념일 케이크 제공
② 연간 객실 사용 실적에 따라 무료숙박권 제공
③ 단골고객을 정기적인 문화행사에 초청
④ 디너쇼 등 호텔이벤트 안내문 발송

7. CRM의 전략이 아닌 것은?

① 고객의 기호와 개인욕구를 데이터베이스화한다.
② 고객접점 서비스에서 종업원의 임파워먼트를 강화한다.
③ 잠재고객 창출에 초점을 둔다.
④ 기존고객을 접할 때 성함과 직함을 불러준다.

제9장

일드 매니지먼트

Front Office & Housekeeping

제9장

일드 매니지먼트

1. 일드 매니지먼트의 개요

1.1 일드 매니지먼트의 배경

일드(yield)의 사전적 의미는 「생기게 하다」, 「산출하다」, 「(이익 따위를) 가져오다」로 되어 있다. 따라서 일드 매니지먼트(yield management)를 '수익률산출관리', '신축적 요금전략 접근법'이라고 번역하기도 하는데, 'yield'에 대한 적당한 우리말이 없기 때문에 본서에서는 영어발음 그대로 옮기고자 한다.

일드 매니지먼트(yield management)는 1980년대 초 항공사가 최초로 도입하여 이제 전 사업에서 이용되고 있는 경영기법이다. 특히 항공기의 좌석과 유사한 개념의 호텔 객실상품은 공급이 한정적이고 비탄력적이며, 재고나 저장 판매가 안 되는 특성을 지니고 있다. 이러한 측면에서 볼 때 수요와 공급관리는 중요한 의미를 가지고 있고 요금결정 문제는 매출 극대화에 직접적인 영향을 미치는 변수로 작용한다. 즉 호텔객실 영업은 보유하고 있는 전 객실을 할인 없이 제값을 다 받고 100% 판매하는 것이 최고의 지향점이지만 현실적으로 불가능하므로 수요의 증감에 따라 적절한 요금전략을 통하여 최대한 수익을 극대화해야 하는데 이것이 곧 일드 매니지먼트이다.

호텔영업이란 한정된 영업공간에 의해 수익을 창출하는 사업이다. 호텔의 객실 수가 많다고 해서 많은 수익을 올리는 것은 아니다. 객실 수가 많은 만큼 인건비 및 유지관리비가 많이 소요되는데, 객실점유율이 낮으면 그 비용을 안게 되어 경영악화를 초래할 수 있다. 따라서 이용 가능한 영업공간을 최대한 활용하여 최상의 수익을 올리는 것이 중요한데, 그것이 곧 일드(yield)이다.

1.2 일드 매니지먼트의 실제

호텔은 고정된 서비스능력을 가지고 있고, 요금에 따라 시장세분화가 가능하고, 소멸되기 쉬운 재고를 가지고 있고, 사전판매가 가능하고, 수요의 변동이 심하다는 점에서 일드 매니지먼트가 요구된다. 결국 일드 매니지먼트는 효과적인 개실 예약도구로서 컴퓨터를 통하여 통계 자료를 토대로 수요 감소가 예상되면 요금을 하향조정하고, 수요증가가 예상되면 요금을 올리는 신축적인 요금정책이라고 할 수 있다.

예를 들어 객실 수 300실이고, 공표요금이 객실당 평균 250,000원인 호텔이 있는데, 객실평균요금 200,000원에 210실을 판매하였다고 하자. 이 경우 매출액은 42,000,000원이다. 그런데 객실평균요금 168,000원에 250실을 판매하였다면 이 경우도 매출액은 42,000,000원이다. 결국 양자의 경우 매출액은 같다. 단지 앞의 경우는 객실평균요금이 높은 반면에 객실점유율은 70%이고, 뒤의 경우는 객실평균요금이 낮은 반면에 객실점유율은 약 83.3%이다. 따라서 예약상황이나 각종 변수를 고려하여 객실요금을 올릴 것인지 낮출 것인지를 판단해야 하는 것이다.

[그림 9-1] 일드 매니지먼트의 저울

1.3 일드 매니지먼트의 변수

호텔객실의 일드 매니지먼트는 결국 가능한 객실평균요금도 올리고, 객실점유율도 높여 매출을 극대화하자는 것이다. 그러나 객실평균요금과 객실점유율은 상반관계에 있다. 즉 객실평균요금을 올리면 객실점유율이 낮아지고, 객실점유율을 높이기 위해 요금을 대폭할인하면 객실평균요금이 낮아진다. 따라서 예약일 전후의 각종 변수를 파악하는 노력이 요구된다.

일드 매니지먼트를 운용하는데 가장 기초가 되는 자료는 과거통계이다. 즉 과거의 통계자료를 근거로 수요를 예측하고 요금을 결정할 수 있기 때문이다. 그러나 과거의 통계는 각종 변수에 의해서 변할 수 있으므로 각종 변수에 통찰력을 가지고 있어야 한다. 각종 변수란 다음과 같은 것들이 있다.

- 기상조건
- 정치 · 사회 · 경제적 이슈
- 스포츠 행사, 박람회, 전시회, 국제회의, 축제 등과 같은 특별 이벤트
- 수요자의 동향

2. 일드율과 일드레이트의 산출

호텔객실 영업에서 전통적으로 채택하고 있는 영업실적 평가의 준거는 객실판매량, 객실점유율, 객실평균요금, 객실매출액 등이다. 그러나 이 자료만 가지고는 실질수익을 어느 정도 올렸는지, 객실규모가 다른 경쟁사와의 비교에서 영업성과를 판단할 수 없으므로 일드율(yield)과 일드래이트(yield rate)의 산출이 필요하다. 즉 호텔객실의 경우 일드래이트(전체 객실료 수입에서 전체 객실 수를 나눈 수입금)가 높으면 객실판매율과 평균객실료를 잘 조화시켜 수익을 많이 올린 호텔이고, 반면 일드래이트(yield rate)가 낮으면 아무리 객실판매율이나 평균객실료가 높아도 수익률 면에서는 실패했다는 것이다.

2.1 일드율 산출

일드율의 산출공식은 다음과 같다.

$$\text{일드(yield)} = \frac{\text{실질매출총액}}{\text{잠재매출총액}} \times 100$$

※ 실질매출총액 = 객실판매 수 ×판매된 객실의 실당 평균요금

※ 잠재매출총액 = 보유객실 수 ×보유객실의 실당 평균요금

2.2 일드레이트 산출

일드레이트의 산출공식은 다음과 같다.

$$일드레이트 = \frac{실질매출총액}{보유객실\ 수}$$

[예제 11]

B호텔의 객실 수는 300실이고 실당 평균요금은 200,000원이다. 당일 영업활동 결과 200실이 팔렸고 1실당 평균요금이 160,000원이라면 이 호텔의 일드율과 일드레이트는 얼마인가?

$$일드(yield)율 = \frac{200실 \times 160{,}000원}{300실 \times 200{,}000원} \times 100 = 53.3\ \%$$

$$일드레이트(yield\ rate) = \frac{200실 \times 160{,}000원}{300실} = 106{,}666원$$

[예제 12]

다음 표의 자료를 보고 일드율과 일드레이트를 구하고 어느 호텔이 가장 영업을 잘 했는지 분석하시오.

[표 9-1] 5개 호텔의 영업 현황(가상)

호텔	판매가능 현황		실질판매 현황			
	객실 수	객실당 평균요금	객실판매 수	객실점유율	평균요금	객실매출액
A	300실	200,000원	260실	86.6%	150,000원	39,000,000원
B	400실	200,000원	280실	70.0%	160,000원	44,800,000원
C	400실	220,000원	300실	75.0%	160,000원	48,000,000원
D	500실	220,000원	400실	80.0%	170,000원	68,000,000원
E	500실	240,000원	400실	80.0%	160,000원	64,000,000원

$$A호텔 : 일드율 = \frac{39{,}000{,}000원}{300실 \times 200{,}000원} \times 100 = 65\%$$

$$일드레이트 = \frac{39{,}000{,}000원}{300실} = 130{,}000원$$

$$\text{B호텔 : 일드율} = \frac{44{,}800{,}000\text{원}}{400\text{실} \times 200{,}000\text{원}} \times 100 = 56\%$$

$$\text{일드레이트} = \frac{44{,}800{,}000\text{원}}{400\text{실}} = 112{,}000\text{원}$$

$$\text{C호텔 : 일드율} = \frac{48{,}000{,}000\text{원}}{400\text{실} \times 220{,}000\text{원}} \times 100 = 54.5\%$$

$$\text{일드레이트} = \frac{48{,}000{,}000\text{원}}{400\text{실}} = 120{,}000\text{원}$$

$$\text{D호텔 : 일드율} = \frac{68{,}000{,}000\text{원}}{500\text{실} \times 220{,}000\text{원}} = 61.8\%$$

$$\text{일드레이트} = \frac{68{,}000{,}000\text{원}}{500\text{실}} = 136{,}000\text{원}$$

$$\text{E호텔 : 일드율} = \frac{64{,}000{,}000\text{원}}{500\text{실} \times 240{,}000} \times 100 = 53.3\%$$

$$\text{일드레이트} = \frac{64{,}000{,}000\text{원}}{500\text{실}} = 128{,}000\text{원}$$

따라서 일드율 면에서는 A호텔(65%), D호텔(61.8%), B호텔(56%), C호텔(54.5%) 순이므로 A호텔이 가장 객실영업을 잘 했다고 볼 수 있다. 즉 A호텔은 객실 수가 제일 적지만 적절한 요금정책을 통하여 객실점유율을 높였기 때문이다. 일드레이트 면에서는 D호텔(136,000원), A호텔(130,000원), E호텔(128,000원) 순으로 나타났다. 즉 D호텔은 객실점유율과 평균객실료를 잘 조화시켜 가장 객실수익을 많이 올렸다고 볼 수 있다.

3. 우리나라 호텔의 일드율

우리나라의 특1급 호텔을 대상(서울 4개, 부산 3개, 경주 4개, 제주 3개 호텔)으로 실제 일드율을 산출해본 결과 다음과 같이 나타났다.

3.1 지역별 호텔의 일드율

2002년도 기준으로 서울, 부산, 경주, 제주지역의 호텔별 일드율은 각각 다음 표와 같이 나타났다.

[표 9-2] 서울지역 호텔의 일드율

(금액단위 : 천 원)

호텔명	객실 수	잠재매출 총액(1일)	연간잠재 매출총액	객실 점유율	연간객실 평균요금	연간객실 판매 수	연간실질 매출총액	일드율
HI	683	218,100	79,626,500	83%	191	206,056	39,386,643	50%
A	200	60,555	22,120,575	90%	140	65,659	9,190,263	42%
SG	445	139,870	51,052,550	80%	139	144,480	20,038,758	39%
SW	595	211,830	77,317,950	84%	162	176,338	28,602,263	37%

[표 9-3] 부산지역 호텔의 일드율

(금액단위 : 천 원)

호텔명	객실 수	잠재매출 총액(1일)	연간잠재 매출총액	객실 점유율	연간객실 평균요금	연간객실 판매 수	연간실질 매출총액	일드율
HG	319	67,090	24,487,850	59%	90	69,477	6,280,618	26%
M	363	74,030	27,020,950	58%	106	77,398	8,213,731	30%
C	292	61,000	22,265,000	65%	103	69,167	7,089,643	32%

[표 9-4] 경주지역 호텔의 일드율

(금액단위 : 천 원)

호텔명	객실 수	잠재매출 총액(1일)	연간잠재 매출총액	객실 점유율	연간객실 평균요금	연간객실 판매 수	연간실질 매출총액	일드율
HI	324	74,930	27,349,450	60%	99	71,036	7,051,738	26%
CO	307	42,610	15,552,650	36%	53	40,248	2,119,266	14%
CS	300	43,760	15,972,400	44%	62	47,990	2,978,398	19%
HD	449	85,084	31,055,660	66%	78	107,445	8,371,399	27%

[표 9-5] 제주지역 호텔의 일드율

(금액단위 : 천 원)

호텔명	객실 수	잠재매출 총액(1일)	연간잠재 매출총액	객실 점유율	연간객실 평균요금	연간객실 판매 수	연간실질 매출총액	일드율
S	429	135,485	49,452,025	80%	166	125,669	20,829,915	42%
G	510	93,210	34,021,650	69%	114	127,872	14,615,076	43%
C	224	60,840	22,206,600	78%	67	62,644	4,187,927	19%

3.2 지역 간 일드율 비교

조사호텔을 기준으로 서울, 부산, 경주, 제주 지역 간 객실영업에 대한 일드율을 비교해 보면 다음 표과 같다.

[표 9-6] 지역 간 일드율 비교

(금액단위 : 천 원)

지역	연간잠재매출총액	연간실질매출총액	일드율(%)
서울	230,117,575	97,217,927	42.2
부산	73,773,800	21,583,992	29.2
경주	89,930,160	20,520,801	22.8
제주	105,680,275	39,632,918	37.5

3.3 객실 영업성과지표와 일드율과의 상관관계 분석

일드율과 가장 상관관계가 높은 객실영업성과지표는 피어슨(Pearson)의 상관계수를 기준으로 평균객실요금(0.922), 연간실질매출액(0.805), 객실점유율(0.768), 객실 수(0.620)의 순으로 나타났다.

상관계수가 1이면 완전한 상관관계가 있다는 의미이고, 0이면 전혀 상관관계가 없는 것을 의미한다. 이 수치가 0에서 0.30 사이이면 두 변수의 관계는 약한 관계이고 0.03에서 0.07 사이에 있으면 보통의 관계이며, 이 수치가 0.70 이상이면 강한 관계를 의미한다.

[그림 9-2] 객실 영업성과지표와 일드율과의 상관관계 결과

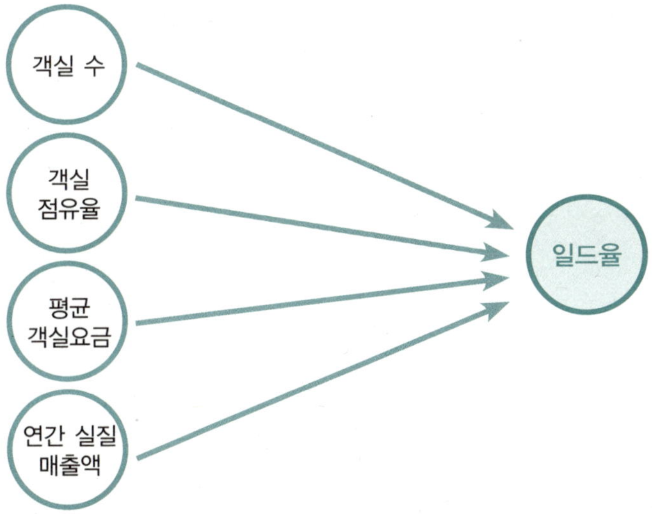

따라서 일드율과의 상관관계가 가장 높은 객실영업성과지표는 평균객실요금(0.922), 연간실질매출총액(0.858), 객실점유율(0.768), 객실 수(0.620) 순으로 나타났으므로 결국 일드율을 높이기 위해서는 평균객실요금, 연간실질매출총액, 객실점유율 순을 고려하여 객실영업의 방향이 설정되어야 할 것이다.

연습문제 **호텔관련 종사원 자격시험 대비**

1. 일드율과의 상관관계가 가장 높은 객실영업성과지표는?

① 평균객실요금 ② 연간실질매출총액

③ 객실점유율 ④ 객실 수

2. 일드 메니지먼의 변수가 아닌 것은?

① 기상조건 ② 정치 · 사회 · 경제적 이슈

③ 축제 등과 같은 특별 이벤트 ④ 경쟁 호텔의 동향

3. B호텔의 객실 수는 300실이고 실당 평균요금은 200,000원이다. 당일 영업활동 결과 200실이 팔렸고 1실당 평균요금이 150,000원이라면 이 호텔의 일드율과 일드레이트는 얼마인가? (소수점 이하 반올림)

부록

- 호텔숙박약관(예)
- 호텔객실 용어사전
- 연습문제(호텔관련 종사자 자격시험 대비) 정답

Front Office & Housekeeping

부록

호텔숙박약관(예)

○○○호텔 숙박약관(예)

제1조 (본 약관의 경우)

1. 당 호텔이 체결하는 숙박약관 및 그에 관련되는 계약은 본 약관이 정하는 바에 의하는 것으로 하고 본 약관에 규정되지 않은 사항에 관하여는 법령 또는 관습에 의하는 것으로 합니다.
2. 당 호텔은 신용카드 예약에 관련된 것은 이 규정에 따르되, 그 세부사항은 신용카드사와 호텔 간 가맹점 약관에 따릅니다.
3. 당 호텔은 전항의 규정에 구애됨이 없이 약관의 취지, 법령 또는 관습에 반하지 않는 범위 내에서 특약에 응할 수가 있습니다.

제2조 (숙박거절의 경우)

당 호텔은 다음과 같은 경우에 숙박을 거절할 수 있습니다.

1. 만실로 인해 객실의 여유가 없을 경우
2. 숙박신청이 본 약관에 의하지 않는 경우
3. 숙박하고자 하는 손님께서 숙박에 관한 법령 또는 공공질서나 미풍양속에 위배되는 행위를 할 염려가 있다고 인정되는 경우
4. 숙박하고자 하는 손님이 전염병자라고 명백히 인정되는 경우

5. 숙박에 관하여 특별한 부담을 갖게 되는 경우
6. 애완동물 또는 위험약물 등을 소지하고 있다고 인정되는 경우
7. 천재지변, 시설의 고장 기타 불가피한 이유로 숙박에 응할 수 없는 경우
8. 대한민국 법령에 규정하는 바에 따라 숙박할 수 없다고 인정되는 경우

제3조 (성명 등의 명시)

당 호텔은 숙박일에 앞서 숙박신청(이하 숙박예약신청이라 함)을 받았을 경우에는 기한을 정하여 숙박예약신청자에 대하여 다음 사항 등의 명시를 요구할 수 있습니다.

1. 숙박자의 성명, 성별, 국적 및 직업
2. 기타 당 호텔에서 필요하다고 인정되는 사항

제4조 (예약금)

1. 당 호텔이 숙박예약신청을 받을 경우에는 예약금의 지급을 받은 경우에만 예약이 보증됩니다. 단, 신용카드를 이용하여 예약할 경우에는 예약금 지급 여부에 관계없이 예약을 보증합니다.
2. 전항의 예약금은 제5조에서 정한 내용에 해당할 때에는 위약금으로 충당하고 잔액이 있을 때에는 반환해 드립니다. 단, 예약금 없이 신용카드를 이용하여 예약할 경우에는 신용카드회사에서 제5조에서 정한 내용에 해당되는 위약금을 청구합니다.
3. 당 호텔은 신용카드에 의한 예약 또는 예약해제 시에는 접수자 성명, 위약금 내용을 예약자에게 알려드립니다.

제5조 (예약취소)

1. 당 호텔은 숙박예약 신청자가 숙박예약의 전부 또는 일부를 취소했을 경우에는 다음에 열거하는 바에 의하여 위약금을 받습니다.
   ① 숙박일 1일 전 취소 시 숙박요금의 50%
   ② 숙박당일 취소 시 최초 1박 숙박요금의 100%
2. 당 호텔에서는 예정 도착시간이 명시되어 있는 경우에는 예정된 시간까

지 예약을 보증하며 사전 연락 없이 예정된 시간을 1시간 이상 경과해도 도착하지 않는 경우에는 예약이 자동 해제됩니다.

3. 전항의 규정에 의거하여 취소된 것으로 간주되는 경우에 있어서 숙박자가 연락을 하지 않고 도착하지 않은 것이 천재지변, 기차, 항공기 등 공공운송 기관의 불착 또는 지연 기타 숙박자 자신의 책임에 의한 것이 아니라고 인정될 시에는 제1항의 위약금을 받지 않습니다.
4. 당 호텔은 따로 정하는 바를 제외하고는 다음의 경우에는 숙박예약을 취소할 수 있습니다.
   ① 제2조 제2항에서 8항까지 해당한다고 인정될 경우
   ② 제4조 1항의 예치금을 지불 청구하였으나 기한까지 지불하지 않을 경우
5. 당 호텔은 전항의 규정에 의하여 숙박예약을 취소했을 시에는 이미 받아들인 예약금이 있을 경우 이를 반환해 드립니다.

제6조 (숙박등록)

숙박자는 숙박당일 당 호텔 접수계에서 다음 사항을 당 호텔에 등록하여 주십시오.

1. 숙박자의 성명, 성별, 국적, 직업
2. 외국인에 대해서는 여권번호, 입국 연월일
3. 내국인에 대해서는 주민등록번호
4. 현주소, 연락 전화번호, e-mail, 직업, 생년월일 및 나이
5. 출발일시 및 시각
6. 기타 호텔에서 필요하다고 인정되는 사람

제7조 퇴실시간(CHECK OUT TIME)

1. 숙박자가 당 호텔의 객실을 비워주는 시간(CHECK OUT TIME이라 함)은 정오로 합니다.
2. 당 호텔에서는 사전의 규정에도 불구하고 CHECK OUT TIME을 초과하였을 시에는 다음에 열거하는 바와 같이 추가요금을 받습니다.
   ① 오후 3시까지 : 당일 객실요금의 30%

② 오후 5시까지 : 당일 객실요금의 50%

③ 오후 5시를 경과할 시 : 당일 객실요금의 100%

제8조 (요금의 지불)

1. 요금의 지불은 통화, 당 호텔에서 인정하는 수표 및 여행자 수표, 신용카드 또는 쿠폰에 의해 숙박고객의 입실 시 또는 당 호텔에서 청구했을 시에 당 호텔 프런트 회계에 지불하여 주시기 바랍니다.
2. 숙박고객이 객실을 사용하기 시작한 다음 임의로 숙박을 하지 않은 경우에 있어서도 숙박요금을 받습니다.

제9조 (이용규칙의 준수)

당 호텔 숙박자는 당 호텔에서 정하여 호텔 안에 게시한 이용규칙을 준수하여 주시기 바랍니다.

제10조 (숙박계속의 거절)

당 호텔은 숙박자의 숙박기간 중이라도 다음과 같은 경우에는 계속 숙박하는 것을 거절할 수가 있습니다.

1. 제2조 2항~8항까지 해당한다고 간주되는 경우
2. 이용규칙에 위배되는 경우

제11조(숙박책임)

1. 당 호텔에서의 숙박에 관한 책임은 숙박자가 당 호텔 프런트 데스크 접수계에서 숙박등록을 하였을 시와 객실에 안내되었을 시 중 먼저 행위가 이루어졌을 시부터 책임을 지게 되며 숙박자가 출발하기 위하여 객실을 비워주었을 시 책임이 끝납니다.
2. 숙박자가 당 호텔 안에 게시한 이용규칙을 준수하지 않으므로 야기된 사고에 관해서는 당 호텔은 책임을 지지 않습니다.
3. 당 호텔 책임에 기인되는 이유로서 숙박예약 보증 후 숙박자에게 방을 제공할 수 없게 된 경우에는 천재 기타의 이유로서 곤란한 경우를 제외

하고는 숙박자에게 동일 또는 유사한 조건에 의한 다른 숙박시설을 알선해 드립니다.

제12조 (객실열쇠 인수 및 반납)

1. 숙박자는 등록 후 프런트 데스트에서 열쇠를 인수하여 퇴실 시는 요금지불과 프런트 회계에 열쇠를 반납하셔야 합니다.
2. 숙박자는 투숙 중에 열쇠를 분실하였을 때는 지체없이 프런트 데스크에 분실신고를 하여야 하며 분실료를 지불하셔야 합니다.
3. 숙박자가 열쇠를 소지하고 퇴숙하였을 때는 지체없이 우편 또는 기타 방법으로 신속히 호텔로 반송하셔야 합니다.

부록

호텔객실 용어사전

【A】

Adjoining room 객실 두 개가 나란히 붙어 있는 형태의 룸.

Allowance sheet 할인내역서.

Amenity 욕실 내 비치된 용품으로서 비누, 샤워 캡(shower cap), 로션류, 면도기, 면봉, 빗 등을 말함.

American Plan(AP) 객실요금에 3회의 식사가 포함된 제도. 풀 팡숀(full pension)이라고도 함.

Average rate (객실)평균요금.

【B】

Baby crib(baby cot) 유아용 침대.

Baggage net 수하물 위에 덮는 망.

Baggage stand 객실 내 수하물을 받침대.

Bed–making 침대꾸미기.

Bed spread 침대보

Bell man 프런트 데스크 직원이 등록이 끝난 고객에게 짐을 들고 객실로 안내하는 직원.

Blanket 모포.

Blocked room 사용이 지정되어 있는 룸.

Booker club 호텔예약을 담당하는 거래처 비서들의 모임.

Break-even point 손익분기점.

Business center 비즈니스 고객을 위하여 각종 자료와 사무기기, 회의장소 등을 비치해 놓고, 전문요원을 배치하여 비즈니스와 관련된 서비스를 해주는 곳.

【C】

Cancellation charge 취소요금.

Card key encoder 카드 키 발행기기.

Card key holder 카드 키를 넣는 종이봉투.

Cashier (프런트에서) 퇴숙 고객의 키를 받고 계산업무를 담당하는 직원.

Check in 투숙.

Check Out 퇴숙.

City ledger 후불처리원장.

Clean 객실청소 완료상태의 룸.

Cloak room 수하물을 보관하는 장소. 체크 룸(check room)이라고도 함.

Commercial rate 특정 기업체와 송객 계약을 맺어 적용하는 할인요금.

Complaint handling 고객의 불평불만을 처리하는 것.

Complimentary(comp.) 무료.

Concierge 호텔의 현관에서 고객의 영송에서 환송까지 그리고 전반적인 안내를 담당하는 직원.

Connecting room 객실 2개가 연결되어 있으며, 내부의 문을 이용하여 투숙객 간에 상호 왕래가 가능한 형태의 룸.

Continental Plan(CP) 객실요금에 아침식사가 포함되어 있는 제도.

Credit manager 여신지배인.

CRM(customer relationship management) 선별된 고객 즉 우수고객으로부터 지속적인 수익창출을 유도하고 장기적으로 고객관계를 가능하도록 관리하는 것.

【D】

Day use 고객이 객실을 1박 사용하는 것이 아니라 주간(일반적으로 오전 10시에서 오후 5시 사이)에 몇 시간 체재할 경우 시간단위로 계산하거나 할인을 해주는 제도.

Deluxe room 고급실로서 스탠다드 룸보다는 평수가 조금 더 넓거나 조망이 좋은 룸.

Demi-pension 데미 팡숑. 객실요금에 조식과 석식 등 2끼의 식사요금이 포함된 제도.

Definite reservation 확정적 예약.

Deposit (예약)선수금.

Dirty 청소를 해야 하는 룸.

Door knob card 도어 놉 카드. 객실 문고리에 걸려 있는 카드로서 양면으로 되어 있는데, 한쪽 면은 "Please make up room(청소해 주세요)"라고 표기되어 있고, 다른 한 면에는 "Do not disturb(깨우지 마세요)"라고 표기되어 있음.

Door man 호텔의 출입문 주변에서 고객의 영접 및 환송을 하는 직원.

Double-double bed room 더블 침대가 2개가 들어 있는 객실.

Double room 2인용 침대가 1개 들어 있는 객실.

Down grade 호텔의 부득이한 사정으로 예약받은 객실보다 낮은 급의 객실을 제공하는 것.

Due Out 예약 기간 동안만 투숙하고 떠남.

Duo bed 낮에는 소파로 활용하고, 취침을 할 때 길게 펼치면 침대가 되는 형태.

Duty manager(Duty assistant manager) 당직지배인. VIP고객 영접 및 대고객 업무처리, 고객 불평불만 접수 및 해결, 호텔의 안전관리 및 재산관리를 위한 순찰 등의 업무를 수행하는 직원.

【E】

European Plan(EP) 객실과 식사요금을 별도로 구분하여 계산하는 제도.

ENT(Entertainment) Check) 접대 빌.

Executive floor room(EFL) 비즈니스 고객을 위하여 위치가 좋은 몇 개 층에 특별히 만든 객실.

【F】

Fact sheet 호텔의 개요 및 시설을 한 장에 소개한 인쇄물.

Fam. Tour(Familiarization Tour) 시찰초대여행으로서 관광상품을 직접 판매하는 거래선의 직원을 초청하여 자사의 관광상품을 설명하고 접대하여 친밀감을 느끼게 만드는 일종의 상품설명회 및 접대성의 여행.

F.I.T(Foreign Independent Tour) 개별고객.

Fitness center 호텔 부대시설 중의 하나로 투숙객들이 체력단련을 하거나 여행의 피로를 풀기 위한 여가활동의 공간.

Flat rate 단체고객들이 요금이 서로 다른 타입의 여러 객실을 사용하더라도 요금을 균일적으로 적용하는 특별 요금.

Floor indicator panel 하우스키핑 내 객실상황판.

Floor keeper 한 층의 객실에 대한 정비를 책임지고, 그 층의 룸 메이드(room maid)를 관리하는 업무를 담당하는 직원.

Floor plan 각 층의 객실위치 도면도

Floor station 플로어키퍼 및 룸 메이드의 대기실.

F/O(front office) 프런트 오피스.

Folio 고객원장.

Front clerk 프런트에서 등록업무를 담당하는 직원.

Front desk 숙박고객의 체크인과 체크아웃을 담당하는 곳.

Full pension 풀 팡숀. 객실요금에 3회의 식사가 포함된 제도.

【G】

GRO(guest relation officer) VIP고객이 체크인과 체크인을 할 때 전담하여 서비스하는 접객원.

Group rate 단체요금.

Guestroom 객실.

Guest room key 고객용 키.

【H】

H/K(housekeeping) 하우스키핑. 객실정비부서.

Hold room charge 고객이 체크아웃을 하지 않고 객실을 비워두게 되면 비워 둔 일수만큼 요금이 계산되는 제도.

House man 룸 메이드를 도와 객실을 정비하는 직원으로서 주로 룸 메이드가 하기 힘든 일을 도와주거나 호텔 내·외부 공공지역(public area)의 청소를 담당.

Housekeeper 하우스키핑 부서의 실무책임자.

House use 호텔자체의 필요에 의해서 객실요금을 계산하지 않고 사용하는 경우.

【I】

Information clerk 프런트에서 안내를 담당하는 직원.

Inspected 점검이 완료된 룸.

Inventory 재고조사.

【K】

key rack 객실 문을 열고 들어와 키를 꽂아 두는 곳으로 키 센서(key sensor)라고도 함.

【L】

Laundry 라운드리. 세탁실.

Laundry bag 세탁물 봉지.

Linen 호텔에서 사용하고 있는 담요, 이불, 베개 커브, 침대시트, 타월, 가운, 식탁보, 냅킨, 커튼, 종업원 유니폼 등 모든 직물류.

Log book 업무일지.

Long term guest 장기투숙고객.

Lost & Found 분실물 습득대장.

【M】

Maid cart 객실청소를 위한 청소도구 및 용품을 담은 카트

Mail clerk 프런트에서 우편물을 취급하는 직원.

Master key 전 객실을 열 수 있는 키.

Midnight charge 밤 12시를 넘어 새벽에 투숙하고자 하는 고객에게 1박의 전체 요금을 적용하는 것이 아니라 할인된 금액을 적용하는 경우.

Mini bar 객실 내에 비치된 냉장고.

Miscellaneous 잡수입.

Modified American Plan(MAP) 수정된 미국식 요금제도로 데미 팡숑(demi-pension)이라고도 하며, 객실요금에 조식과 석식 등 2끼의 식사요금이 포함된 제도.

Morning call 'wake-up call'이라고도 하며, 투숙객이 요청한 시간에 전화로 깨워주는 서비스.

MTD(Month to Date) 월 누계 실적.

【N】

Night clerk 야간에 프런트 업무를 담당하면서 객실영업보고서를 작성하는 것이 주업무인 직원.

Night table 침대에서 조명, 냉난방, 시계알람, 라디오 등을 직접 또는 원격으로 조정할 수 있는 기능의 시설물.

No-show guest 노-쇼우 게스트. 예약을 해놓고 당일 나타나지 않는 고객.

【O】

Occupancy (객실)점유율.

Occupied room 사용(투숙) 중인 룸.

Officer's check 접대 빌.

On change room 청소를 요하는 객실.

Operator 전화교환원.

OPR(Overbooking Percentage Rate) 취소율과 노-쇼우(no-show)율을 결정하고 그 비율만큼의 초과예약을 받는 것.

Order taker 하우스키핑 내 사무실에서 근무하면서 일반 사무업무는 물론 투숙객 및 호텔 내부 타 부서로부터 전화 등을 통하여 요청되는 각종 사항을 접수하여 해당 부서 및 담당자에게 조치를 취하도록 전달하는 역할을 하는 직원.

Out of order 객실에 고장이 있어 판매가 불가능한 룸.

Out of service 사용되지 않거나 판매가 불가능한 룸.

Over booking 초과예약. 판매가능한 객실수보다 초과하여 예약을 받는 것.

Over charge 초과요금. 체크아웃 시간인 정오 12시 이후에도 객실을 사용하고 있는 경우에 부과되는 요금.

【P】

Package rate 패키지요금.

Pass key 한 층의 객실 전체를 열 수 있는 키로서 플로어 마스터 키(Floor Master Key)라고도 함.

PBX(Private Branch Exchange) 전화교환실.

Pickup 객실 내 수하물이 있음.

Pillow 베개.

Porter 공항, 역 등을 통해서 호텔로 들어오는 고객을 위해 그곳까지 가서 고객의 짐을 운반하고 안내하는 직원.

【Q】

Quad room 쿼드 룸. 싱글 침대가 4개 또는 더블 침대가 2개가 들어가 있는 객실을 말하는데, 결국 4인용 객실을 의미 함.

【R】

Rack rate 공표요금. 호텔 측이 행정기관에 신고하고, 고객에게 널리 알린 객실요금.

Reception (고객의) 등록.

Registration (고객의) 등록.

Registration card 숙박등록카드.

Reservation clerk 예약담당직원.

Revenue (객실)매출액.

Room assignment 객실배정표.

Room clerk 프런트에서 등록업무를 담당하는 직원.

Room division 객실부.

Rooming list 투숙객 명단

Room maid 객실을 직접 청소하고 정비하는 여직원.

Room Inspector 객실점검원.

Room service 식음료부에서 객실고객에게 식음료를 제공하는 것.

Room show 개별고객 또는 단체예약을 위한 답사자가 사전에 원하는 룸을 보여 달라고 할 때 벨맨이 프런트로부터 해당 객실의 키를 받아 안내를 하는 것.

Room tariff 객실요금표.

Room to room 객실에서 객실로 전화를 걸 수 있는 단축 다이얼.

【S】

Safety box 고객이 소지한 귀중품 및 현금 등을 보관할 수 있는 개인금고.

Sales call 호텔의 상품이나 서비스를 판매하기 위하여 고객을 방문하는 것.

Sales kit 각종 인쇄 홍보물을 보기 좋게 담을 수 있도록 두꺼운 종이로 된 폴더.

Sanitary bag 위생비닐봉지.

Single-double bed room 싱글 베드 1개와 더블 베드 1개의 형태로 설치되어 있는 룸.

Single room 1인용 싱글 침대가 1개 들어 있는 객실.

Single use 2인용 객실에 1인이 투숙하는 경우 객실요금을 일정 부분(10% 정도) 할인을 해주는 요금제도.

Skipper 호텔에 투숙 후 계산을 하지 않고 퇴숙한 고객.

Sleeper 객실요금을 지불하고 객실을 사용하지 않은 고객.

Standard room 보통실로서 평수가 비교적 작거나 조망이 그다지 좋지 않은 룸.

Stayover 기존 투숙객이 체크아웃을 하지 않고 객실을 연장하여 사용하는 경우.

Studio room 더블이나 트윈 룸에 소파형의 베드가 들어 있는 룸.

Suite room 특실로서 침실에 거실이 딸린 호화스러운 룸.

Sundry 잡수입.

Switch board 전화교환실.

【T】

Tentative reservation 잠정적 예약.

Triple room 싱글 침대 3개가 들어 있는 객실.

Turnaway service 예약을 받아 놓고 당일 객실이 여유가 없어 배정을 하지 못한 고객에게 동급 수준의 다른 호텔에 객실을 구해주고 객실요금 지불과 교통편까지 제공하는 서비스.

Turn down service 이미 투숙한 고객의 객실에 대하여 취침 직전에 간단한 청소 · 정리정돈 · 침대정리 등 취침준비 서비스를 하는 것.

Twin room 싱글 베드가 나란히 2개 들어 있는 객실.

【U】

Under booking 판매가능한 객실 수 이하로 예약을 받는 것.

Uniformed service 호텔출입구 및 로비에서 고객을 영접하는 서비스로서 벨맨, 도어맨, 포터, 컨시어지 등이 담당하고 있음.

Up grade 호텔의 사정에 의하여 고객이 예약한 객실보다 부득이 더 나은 객실을 제공하는 경우를 말함.

【V】

Vacant room 빈 객실. 판매가 가능한 룸.

Valet service 고객이 직접 몰고 온 차량에 대하여 도어맨 등이 주차장까지 차량을 이동해 주는 서비스.

Void bill 무효화된 계산서.

【W】

Walk-in guest 예약을 하지 않고, 당일 오신 고객.

【Y】

Yield management 일드 매니지먼트. 수익률산출관리 또는 신축적 요금전략.

YTD(Year to Date) 연간 누계 실적.

연습문제(호텔관련 종사원 자격시험 대비) 정답

제1장

1.③ 2.④ 3.① 4.①

제2장

1.③ 2.⑥ 3.⑧ 4.⑨ 5.⑦ 6.⑤ 7③. 8.① 9.⑤ 10.② 11.⑥ 12.③ 13.①
14.② 15.③ 16.④

17. $\dfrac{120\text{억 원}}{260{,}000\text{원} - 10{,}000\text{원}} = 48{,}000\text{실}$

18. $\dfrac{48{,}000\text{실}}{200\text{실} \times 365\text{일}} \times 100 = 65.8\%$

제3장

1.④ 2.④ 3.① 4.③ 5.④ 6.③ 7.①

제4장

1.① 2.② 3.③ 4.① 5.④ 6.④ 7.④ 8.④ 9.② 10.① 11.① 12.③ 13.④ 14.②

제5장

1.④ 2.③ 3.④ 4.④ 5.① 6.① 7.④

제6장

1.① 2.② 3.③ 4.④ 5.①

제7장

1.④ 2.③ 3.③ 4.① 5.① 6.③ 7.③ 8.② 9.① 10.② 11.② 12.④ 13.④
14.② 15.③

제8장

1.① 2.② 3.③ 4.④ 5.④ 6.④ 7.③

제9장

1.① 2.④

3.

일드율 : $\dfrac{200\text{실} \times 150{,}000\text{원}}{300\text{실} \times 200{,}000\text{원}} \times 100 = \dfrac{30{,}000{,}000\text{원}}{60{,}000{,}000\text{원}} \times 100 = 50\%$

일드 레이트 : $\dfrac{200\text{실} \times 150{,}000\text{원}}{300\text{실}} = 100{,}000\text{원}$

저자소개

저자 | **이정학**

[학력 및 경력]

- 동아대학교 관광경영학과 졸업(1987년)
- 동아대학교 경영대학원(관광경영전공) 경영학석사(1999년)
- 동아대학교 대학원 관광경영학과 관광학박사(2003)
- Hyatt Regency Pusan(특1급) 등 10여년 근무
- 울산과학대학교 교수 역임(2000~2020년)

[수상경력]

- 경기대학교 주최 전국 대학생 관광학술논문 발표대회 우수상 수상(1985년)
- 문교부후원 제10회 전국 대학생학술연구대회 사회과학분야 장려상 수상(1985년)
- 세계 관광의 날 경상북도 관광협회 표창장 수상(1994년)
- 2008 관광의 날 문화체육관광부 장관 표창장 수상(2008년)

[저서]

- 호텔식음료실무론(단독), 기문사, 1998
- 서비스 경영(단독), 기문사, 2001, 2판(2006), 3판(2009), 4판(2013)
- 국제매너(공저), 기문사, 2001
- 호텔경영의 이해 1판(단독), 기문사, 2002, 2판(2008), 3판(2010)
- 관광마케팅(단독), 기문사, 2003, 2판(2008)
- 호텔식음료실습(단독), 기문사, 2004, 2판(2008), 3판(2012)
- 주류학개론(단독), 기문사, 2005, 2판(2012)
- 외식사업경영실무론(공저), 대왕사, 2005, 2판(2011)
- 관광학원론(단독), 대왕사, 2005, 2판(2010), 3판(2013)

- 현대사회와 매너(공저), 기문사, 2006
- 호텔연회관리론(단독), 기문사, 2006
- 축제이벤트(단독), 대왕사, 2008, 2판(2011)
- 에티켓과 매너(단독), 기문사, 2009
- 서비스마케팅(단독), 대왕사, 2009
- 문화관광의 이해(단독), 대왕사, 2011
- 레저의 이해(단독), 대왕사, 2012
- 가비에서 카페라떼까지(한국 커피와 다방의 사회문화사), 대왕사, 2012
- 호텔연회 & 컨벤션, 기문사, 2013
- 마케팅전략72계, 백산출판사, 2014

[기타]

- 울산광역시 시정자문위원(문화관광분야) 역임
- 울산광역시 문화관광해설사 선정 심사위원
- 울산 세계옹기문화엑스포 조직위원 역임
- 울산지역 각종 축제 자문 및 추진위원 역임
- 울산시 고래관광산업진흥기획단 위원
- 울산 시티투어 평가위원
- 동남권(부산, 울산, 경남) 관광협의회 위원 역임
- 동해안권(울산, 경상북도, 강원도) 발전 공동협의회 위원 역임
- 한국관광협회중앙회 정책자문위원 역임
- 울산관광수기공모전 심사위원 역임
- 관광통역안내사 자격시험 출제위원
- 울산광역시 생활권 발전협의회 위원

호텔객실실무

2014년 8월 10일 초　판 발행
2024년 1월 31일 2판 1쇄 발행

저　자 이 정 학
발행인 한인환 · 한재성
발행처 도서출판 **기 문 사**
등　록 1978. 8. 9. NO. 6-0637
주　소 서울시 동대문구 안암로 50-1(용두동) 홍신빌딩 3층
전　화 02) 2265-7214/922-8662~8663
팩　스 02) 922-8772

homepage : www.kimoonsa.co.kr
e-mail : book@kimoonsa.co.kr

ISBN : 978-89-7723-976-0 93370

정가 : 20,000원